Sabores Asiáticos

Uma Jornada Culinária Pelos Tesouros Gastronômicos do Oriente

Li Wei

Conteúdo

frango com bacon	*10*
Chips de frango e banana	*11*
Frango com gengibre e cogumelos	*12*
frango e presunto	*14*
Fígado De Frango Grelhado	*15*
Bolas de caranguejo com castanha d'água	*16*
dim sum	*17*
Rolinhos de presunto e frango	*18*
Torção de presunto assado	*19*
peixe defumado artificial	*20*
cogumelos recheados	*22*
Cogumelos com molho de ostra	*23*
Rolos de carne de porco e salada	*24*
Pasteis de Porco e Castanhas	*26*
pãezinhos de porco	*27*
Camarão ao molho de lichia	*29*
Camarão frito com tangerina	*31*
camarão com mangetout	*32*
camarão cogumelo chinês	*34*
Refogue o camarão e as ervilhas	*35*
camarão com manga ajvar	*36*
Camarões - Pequim	*38*
camarão pimenta vermelha	*39*
Camarão frito com carne de porco	*40*
Camarão frito com molho de xerez	*42*
camarão frito com gergelim	*44*
Camarão frito na casca	*45*
camarão frito	*46*
tempurá de camarão	*47*
Fadiga	*48*
camarão com tofu	*50*
camarão com tomate	*51*
camarão ao molho de tomate	*52*

Camarão com molho de tomate e pimenta	53
Camarão frito com molho de tomate	54
camarão com legumes	56
camarão com castanha d'água	57
ravióli de camarão	57
abalone de frango	58
abalone com espargos	59
Abalone com cogumelos	62
Abalone com molho de ostra	62
frutos do mar cozidos no vapor	63
Sanduíche de broto de feijão	65
Sanduíche de gengibre e alho	66
ostras fritas	67
bolos de caranguejo	68
creme de caranguejo	69
carne de caranguejo tufada chinesa	70
Caranguejo Foo Yung com brotos de feijão	71
Caranguejo Gengibre	72
Caranguejo Lo Mein	73
Caranguejo frito com carne de porco	75
Carne de siri empanada	76
bolinhos de lula fritos	77
lagosta cantonesa	78
lagosta frita	79
Lagosta ao vapor com presunto	80
lagosta com cogumelos	81
Caudas de lagosta com carne de porco	82
lagosta frita	84
ninho de lagosta	85
Mexilhões em molho de feijão preto	86
mexilhão de gengibre	86
mexilhões cozidos	88
ostras fritas	89
ostras com bacon	90
Ostras fritas com gengibre	91
Ostras com molho de feijão preto	92

Vieiras com brotos de bambu 93
ovo de amêijoa 95
vieiras com brócolis 96
vieiras de gengibre 98
vieiras com presunto 99
Omelete com vieiras e ervas 100
Vieiras e Cebolas Fritas 101
vieiras com legumes 102
Vieiras com pimenta vermelha 104
Lula com broto de feijão 105
lulas fritas 106
pacotes de lula 106
rolos de lula frita 108
lulas fritas 111
Lula com cogumelos secos 112
lula com legumes 113
Carne cozida com anis 114
carne com espargos 115
Carne com broto de bambu 117
Carne com brotos de bambu e cogumelos 118
carne assada chinesa 119
carne de broto de feijão 119
bife de brócolis 121
Carne com gergelim e brócolis 122
Carne assada 124
carne cantonesa 125
carne com cenoura 126
com carne de caju 127
Caçarola de carne para cozimento lento 127
carne com couve-flor 128
carne com aipo 129
fatias de carne frita com aipo 130
Carne desfiada com frango e aipo 131
Carne com pimenta 133
Carne com bok choy 135
Dana Suey 136

carne com pepino *138*
Beef Chow Mein *139*
filé de pepino *141*
caril de carne assada *142*
Omelete de presunto e castanha *144*
omelete de lagosta *145*
omelete de ostra *146*
omelete de camarão *147*
omelete recortada *148*
Bolo de ovo com tofu *149*
Tortilla de porco recheada *150*
tortilha recheada de camarão *151*
Tortilhas recheadas com frango cozido no vapor *152*
panquecas de ostra *153*
panquecas de camarão *154*
ovos mexidos chineses *155*
Ovos mexidos com peixe *156*
Ovos mexidos com cogumelos *157*
Ovos mexidos com molho de ostra *158*
Ovos mexidos com carne de porco *159*
Omelete com carne de porco e camarão *160*
Ovos mexidos com espinafre *161*
Ovos mexidos com cebolinha *162*
Ovos mexidos com tomate *163*
Ovos mexidos com legumes *164*
suflê de frango *165*
suflê de caranguejo *166*
Suflê de caranguejo e gengibre *167*
suflê de peixe *168*
suflê de camarão *169*
Suflê de camarão com broto de feijão *170*
suflê de legumes *171*
Ovo Foo Yung *172*
Ovo Frito Foo Yung *173*
Caranguejo Foo Yung com cogumelos *174*
Ovo de Foo Yung Ham *174*

Ovo de Porco Frito Foo Yung ... 175
Ovo de porco e camarão Foo Yung ... 176
arroz branco ... 177
arroz integral cozido ... 178
arroz com carne ... 178
pilaf de fígado de galinha ... 179
Pilaf de frango e cogumelos ... 180
arroz de coco ... 181
Arroz De Caranguejo ... 182
Arroz De Feijão ... 183
arroz de pimenta ... 184
Arroz com ovo cozido ... 185
Arroz à moda de Cingapura ... 186
arroz lento para barco ... 187
arroz cozido ... 188
arroz frito ... 189
arroz frito com amêndoa ... 190
Arroz frito com bacon e ovo ... 192
Arroz Frito De Carne ... 193
Arroz Frito Picado ... 194
Arroz frito com carne e cebola ... 195
arroz de frango ... 196
arroz de pato frito ... 197
arroz com presunto ... 198
Arroz com presunto e caldo ... 199
Arroz De Porco Frito ... 200
Arroz frito com carne de porco e camarão ... 201
Arroz Frito com Camarão ... 202
arroz e feijão frito ... 203
Salmão Frito Arroz ... 204
arroz frito especial ... 205
Dez preciosos arroz ... 206
arroz de atum pilaf ... 207
macarrão de ovo cozido ... 208
macarrão de ovo cozido ... 209
Noodles fritos ... 210

Noodles fritos.. *211*
Macarrão macio frito... *212*
Noodles fritos.. *213*
macarrão frio... *214*
cestas de macarrão *215*
panqueca de massa... *216*

frango com bacon

para 4 pessoas

225g/8 onças de frango, em fatias muito finas
75 ml / 5 colheres de sopa de molho de soja
15 ml / 1 colher de sopa de vinho de arroz ou xerez seco
1 dente de alho amassado
15 ml / 1 colher de sopa de açúcar mascavo
5 ml / 1 colher de chá de sal
5 ml / 1 colher de chá de raiz de gengibre moída
225 g de bacon magro, picado
100 g de castanhas-d'água em fatias bem finas
30 ml / 2 colheres de sopa de mel

Coloque o frango em uma tigela. Misture 45 ml / 3 colheres de sopa de molho de soja com vinho ou xerez, alho, açúcar, sal e gengibre, despeje sobre o frango e deixe marinar por cerca de 3 horas. Coloque o frango, o bacon e as castanhas no espeto de kebab. Misture o molho de soja restante com mel e despeje sobre os kebabs. Asse em uma grelha quente por cerca de 10 minutos até ficar totalmente cozido (fritar), virando com frequência e cobrindo com mais cobertura enquanto assa.

Chips de frango e banana

para 4 pessoas

2 peitos de frango cozidos

2 bananas firmes

6 fatias de pão

4 ovos

120 ml / 4 fl oz / ¬Ω copo de leite

50 g / 2 oz / ¬Ω xícara de farinha de trigo

225 g/8 onças/4 xícaras de farinha de rosca fresca

óleo para fritar

Corte o frango em 24 pedaços. Descasque as bananas e corte-as longitudinalmente em quartos. Divida cada quarto em três para fazer 24 pedaços. Corte a côdea do pão e corte-o em quartos. Bata os ovos e o leite e cubra um lado do pão. Coloque um pedaço de frango e um pedaço de banana no lado do ovo de cada pão. Mergulhe levemente os quadrados na farinha e depois no ovo e na farinha de rosca. Mergulhe novamente no ovo e na farinha de rosca. Aqueça o óleo e frite alguns quadrados de cada vez até dourar. Escorra em papel de cozinha antes de servir.

Frango com gengibre e cogumelos

para 4 pessoas

225g de peito de frango
5 ml / 1 colher de chá de cinco especiarias em pó
15 ml / 1 colher de sopa de farinha de trigo
120 ml / 4 fl oz / ¬Ω xícara de óleo de amendoim (amendoim)
4 chalotas, cortadas ao meio
1 dente de alho, fatiado
1 fatia de raiz de gengibre picada
25 g / 1 onça / ¬º xícara de castanha de caju
5 ml / 1 colher de chá de mel
15 ml / 1 colher de sopa de farinha de arroz
75 ml / 5 colheres de sopa de vinho de arroz ou xerez seco
100 g de cogumelos, cortados em quartos
2,5 ml / ¬Ω colher de chá de açafrão
6 pimentões amarelos cortados ao meio
5 ml / 1 colher de chá de molho de soja
¬Ω suco de limão
sal e pimenta
4 folhas de alface crocante

Corte o peito de frango transversalmente em tiras finas. Polvilhe com cinco especiarias e levemente farinha. Aqueça 15 ml / 1 colher de sopa de óleo e frite o frango até dourar. Retire da geladeira. Aqueça um pouco mais de azeite e refogue a chalota, o alho, o gengibre e as castanhas de caju por 1 minuto. Adicione o mel e mexa até que os legumes estejam cobertos. Polvilhe com farinha e adicione vinho ou xerez. Adicione os cogumelos, açafrão e pimenta e cozinhe por 1 minuto. Adicione o frango, o molho de soja, o suco de meio limão, sal e pimenta e aqueça. Retire do recipiente e mantenha aquecido. Aqueça um pouco mais de azeite, acrescente as folhas de alface e frite rapidamente, tempere a gosto com sal, pimenta e o restante suco de limão.

frango e presunto

para 4 pessoas

225g/8 onças de frango, em fatias muito finas
75 ml / 5 colheres de sopa de molho de soja
15 ml / 1 colher de sopa de vinho de arroz ou xerez seco
15 ml / 1 colher de sopa de açúcar mascavo
5 ml / 1 colher de chá de raiz de gengibre moída
1 dente de alho amassado
225g/8 onças de presunto cozido, picado
30 ml / 2 colheres de sopa de mel

Coloque o frango em uma tigela com 45ml/3 colheres de sopa de molho de soja, vinho ou xerez, açúcar, gengibre e alho. Deixe marinar por 3 horas. Espete o frango e o presunto nos espetos de kebab. Misture o molho de soja restante com mel e despeje sobre os kebabs. Cozinhe (fritando) por cerca de 10 minutos em uma grelha quente, virando com frequência e cobrindo com esmalte enquanto cozinha.

Fígado De Frango Grelhado

para 4 pessoas

450 g / 1 libra de fígado de galinha

45 ml / 3 colheres de sopa de molho de soja

15 ml / 1 colher de sopa de vinho de arroz ou xerez seco

15 ml / 1 colher de sopa de açúcar mascavo

5 ml / 1 colher de chá de sal

5 ml / 1 colher de chá de raiz de gengibre moída

1 dente de alho amassado

Ferva o fígado de galinha em água fervente por 2 minutos e escorra a água. Coloque em uma tigela contendo todos os ingredientes restantes, exceto o óleo e deixe marinar por cerca de 3 horas. Os fígados de frango para kebabs são espetados e fritos (assados) na grelha aquecida por cerca de 8 minutos até dourar.

Bolas de caranguejo com castanha d'água

para 4 pessoas

450 g de carne de caranguejo picada
100 g / 4 onças de castanhas de água, picadas
1 dente de alho amassado
1 cm/¬Ω raiz de gengibre, fatiada, moída
45 ml / 3 colheres de sopa de fubá (amido de milho)
30 ml / 2 colheres de sopa de molho de soja
15 ml / 1 colher de sopa de vinho de arroz ou xerez seco
5 ml / 1 colher de chá de sal
5 ml / 1 colher de chá de açúcar
3 ovos mexidos
óleo para fritar

Misture todos os ingredientes menos o óleo e faça bolinhas. Aqueça o óleo e frite os bolinhos de siri até dourar. Escorra bem antes de servir.

dim sum

para 4 pessoas

100 g de camarão descascado, picado
225 g de carne de porco magra, bem picada
50 g de bok choy, finamente picado
3 cebolinhas (cebolas), picadas
1 ovo mexido
30 ml / 2 colheres de fubá (amido de milho)
10 ml / 2 colheres de chá de molho de soja
5 ml / 1 colher de chá de óleo de gergelim
5 ml / 1 colher de chá de molho de ostra
aparência de 24 wonton
óleo para fritar

Junte o camarão, a carne de porco, o repolho e a cebolinha. Misture o ovo, o fubá, o molho de soja, o óleo de gergelim e o molho de ostra. Despeje a mistura no centro de cada concha de wonton. Pressione suavemente o invólucro ao redor do recheio, unindo as bordas, mas deixando a parte superior aberta. Aqueça o óleo e frite as carnes defumadas uma a uma até dourar. Escorra bem e sirva quente.

Rolinhos de presunto e frango

para 4 pessoas

2 peitos de frango

1 dente de alho amassado

2,5 ml / ¬Ω colher de chá de sal

2,5 ml/¬Ω colher de chá de cinco especiarias em pó

4 fatias de presunto cozido

1 ovo mexido

30 ml / 2 colheres de sopa de leite

25 g / 1 onça / ¬º xícara de farinha de trigo

4 cascas de rolinho de ovo

óleo para fritar

Corte o peito de frango ao meio. Moa até ficar bem fino. Misture o alho, sal e pó de cinco especiarias e polvilhe sobre o frango. Coloque uma fatia de presunto em cada pedaço de frango e envolva bem. Misture o ovo e o leite. Enfarinhe levemente os pedaços de frango e mergulhe-os na mistura de ovos. Coloque cada mordida na casca do rolinho e pincele as bordas com o ovo batido. Dobre e enrole as bordas, apertando as bordas para dourar. Aqueça o óleo e frite por cerca de 5 minutos até que os pães fiquem dourados e cozidos. Escorra em papel de cozinha e corte na diagonal em fatias mais grossas para servir.

Torção de presunto assado

para 4 pessoas

350 g / 12 onças / 3 xícaras de farinha de trigo
175 g / 6 onças / ¬œ xícara de manteiga
120 ml / 4 fl oz / ¬Ω copo de água
225 g de presunto picado
100g/4 onças de brotos de bambu, picados
2 cebolinhas (cebolas), picadas
15 ml / 1 colher de sopa de molho de soja
30 ml / 2 colheres de sopa de gergelim

Coloque a farinha em uma tigela e esfregue na manteiga. Misture com água para formar uma pasta. Corte a massa em círculos de 5/2 cm com um rolo, misture todos os ingredientes menos o gergelim e coloque uma colher em cada círculo. Pincele as bordas da massa com água e feche. Pincele a parte externa com água e polvilhe com sementes de gergelim. Asse em forno pré-aquecido a 180 C / 350 F / marca de gás 4 por 30 minutos.

peixe defumado artificial

para 4 pessoas

1 poleiro

3 fatias de raiz de gengibre fatiadas

1 dente de alho amassado

1 cebola verde (cebolinha), cortada em fatias grossas

75 ml / 5 colheres de sopa de molho de soja

30 ml / 2 colheres de sopa de vinho de arroz ou xerez seco

2,5 ml / ¬Ω colher de chá de anis moído

2,5 ml / ¬Ω colher de chá de óleo de gergelim

10 ml / 2 colheres de chá de açúcar

120 ml / 4 fl oz / ¬Ω xícara de sopa

óleo para fritar

5 ml / 1 colher de chá de fubá (amido de milho)

Corte e fatie o peixe em fatias de 5 mm (¬° polegada) ao longo da veia. Misture gengibre, alho, cebolinha, 60ml/4 colheres de sopa de molho de soja, xerez, anis e óleo de gergelim. Despeje sobre o peixe e misture delicadamente. Deixe descansar por 2 horas, virando de vez em quando.

Escorra a marinada da frigideira e seque o peixe em papel de cozinha. Adicione o açúcar, o caldo e o molho de soja restante à marinada, deixe ferver e cozinhe por 1 minuto. Se precisar engrossar o molho, misture o amido de milho com um pouco de água fria, acrescente ao molho e cozinhe, mexendo, até o molho engrossar.

Enquanto isso, aqueça o óleo e frite o peixe até dourar. Seca bem. Mergulhe os pedaços de peixe na marinada e leve ao lume. Sirva morno ou frio.

cogumelos recheados

para 4 pessoas

12 cápsulas grandes de cogumelos secos
225 g / 8 onças de carne de caranguejo
3 castanhas d'água picadas
2 cabeças de cebolas roxas (pote), finamente picadas
1 clara de ovo
15 ml / 1 colher de fubá (amido de milho)
15 ml / 1 colher de sopa de molho de soja
15 ml / 1 colher de sopa de vinho de arroz ou xerez seco

Mergulhe os cogumelos em água morna na noite anterior. Limpe a seco. Misture o restante dos ingredientes e use-os para rechear as tampas dos cogumelos. Coloque na grelha e deixe cozinhar por 40 minutos. Servir quente.

Cogumelos com molho de ostra

para 4 pessoas

10 cogumelos chineses secos
250 ml / 8 fl oz / 1 xícara de caldo
15 ml / 1 colher de fubá (amido de milho)
30 ml / 2 colheres de sopa de molho de ostra
5 ml / 1 colher de chá de vinho de arroz ou xerez seco

Mergulhe os cogumelos em água morna por 30 minutos, depois coe, reservando 250 ml/8 fl oz/1 xícara de líquido de imersão. Descarte os talos. Misture 60 ml/4 colheres de sopa de caldo com o fubá até obter uma consistência pastosa. Leve o restante do caldo para ferver com os cogumelos e o líquido dos cogumelos, tampe e cozinhe por 20 minutos. Retire os cogumelos do líquido com um processador de alimentos e leve ao fogo. Adicione o molho de ostra e o xerez à panela e cozinhe, mexendo, por 2 minutos. Adicione o purê de fubá e cozinhe em fogo baixo, mexendo, até o molho engrossar. Despeje sobre os cogumelos e sirva imediatamente.

Rolos de carne de porco e salada

para 4 pessoas

4 cogumelos chineses secos
15 ml / 1 colher de sopa de óleo de amendoim
225 g de carne de porco magra, moída
100g/4 onças de brotos de bambu, picados
100 g / 4 onças de castanhas de água, picadas
4 cebolinhas (cebolas), picadas
175 g de carne de caranguejo em cubos
30 ml / 2 colheres de sopa de vinho de arroz ou xerez seco
15 ml / 1 colher de sopa de molho de soja
10 ml / 2 colheres de chá de molho de ostra
10 ml / 2 colheres de chá de óleo de gergelim
9 folhas chinesas

Mergulhe os cogumelos em água morna por 30 minutos e depois escorra. Descarte os talos e pique os topos. Aqueça o óleo e frite a carne de porco por 5 minutos. Adicione os cogumelos, brotos de bambu, castanhas, cebolas e carne de caranguejo e frite por 2 minutos. Misture o vinho ou xerez, molho de soja, molho de ostra e óleo de gergelim na frigideira. Tire do fogo. Enquanto isso, ferva as folhas chinesas em água fervente por 1 minuto e enxágue. Coloque a mistura de carne de porco no centro de cada folha, dobre as bordas e enrole para servir.

Pasteis de Porco e Castanhas

para 4 pessoas

450 g / 1 libra de carne de porco moída (moída)

50 g de cogumelos, finamente picados

50 g de castanha d'água picada finamente

1 dente de alho amassado

1 ovo mexido

30 ml / 2 colheres de sopa de molho de soja

15 ml / 1 colher de sopa de vinho de arroz ou xerez seco

5 ml / 1 colher de chá de raiz de gengibre moída

5 ml / 1 colher de chá de açúcar

sal

30 ml / 2 colheres de fubá (amido de milho)

óleo para fritar

Misture todos os ingredientes, exceto o cereal e faça bolinhas com a mistura. Mergulhe-o no fubá. Aqueça o óleo e frite as almôndegas por cerca de 10 minutos até dourar. Escorra bem antes de servir.

pãezinhos de porco

para 4 pessoas

450 g / 1 libra de farinha de trigo

500 ml / 17 fl oz / 2 copos de água

450g / 1lb de carne de porco cozida, picada

225 g de camarão descascado, picado

4 talos de aipo picados

15 ml / 1 colher de sopa de molho de soja

15 ml / 1 colher de sopa de vinho de arroz ou xerez seco

15 ml / 1 colher de sopa de óleo de gergelim

5 ml / 1 colher de chá de sal

2 cabeças de cebolas roxas (pote), finamente picadas

2 dentes de alho, picados

1 fatia de raiz de gengibre picada

Misture a farinha e a água até obter uma massa lisa e amasse bem. Cubra e deixe por 10 minutos. Abra a massa o mais fina possível e corte em círculos de 5/2 cm, misture todos os outros ingredientes. Despeje a mistura em cada círculo, umedeça as bordas e feche em semicírculo. Ferva a água em uma panela e despeje cuidadosamente as almôndegas na água. Quando as almôndegas crescerem, adicione 150 ml / ¬°pt / ¬æ copo de água fria e ferva a água novamente. As almôndegas estão cozidas quando crescem novamente.

Camarão ao molho de lichia

para 4 pessoas

50 g / 2 oz / ¬Ω um copo (para todos os fins)
Fama
2,5 ml / ¬Ω colher de chá de sal
1 ovo, levemente batido
30 ml / 2 colheres de sopa de água
450 g de camarão descascado
óleo para fritar
30 ml / 2 colheres de sopa de óleo de amendoim
2 fatias de raiz de gengibre picada
30 ml / 2 colheres de sopa de vinagre de vinho
5 ml / 1 colher de chá de açúcar
2,5 ml / ¬Ω colher de chá de sal
15 ml / 1 colher de sopa de molho de soja
200 g de lichia em lata, escorrida

Faça uma massa misturando farinha, sal, ovo e água, adicione um pouco mais de água se necessário. Misture com o camarão até ficar bem coberto. Aqueça o óleo e frite os camarões por alguns minutos até ficarem crocantes e dourados. Escorra em papel de cozinha e coloque na placa de aquecimento. Enquanto isso, aqueça o óleo e frite o gengibre por 1 minuto. Adicione o vinagre, o açúcar, o sal e o molho de soja. Adicione as lichias e mexa até aquecer bem e cobrir com o molho. Despeje sobre os camarões e sirva imediatamente.

Camarão frito com tangerina

para 4 pessoas

60 ml / 4 colheres de sopa de óleo de amendoim
1 dente de alho amassado
1 fatia de raiz de gengibre picada
450 g de camarão descascado
30 ml / 2 colheres de sopa de vinho de arroz ou xerez seco 30 ml
/ 2 colheres de sopa de molho de soja
15 ml / 1 colher de fubá (amido de milho)
45 ml / 3 colheres de sopa de água

Aqueça o óleo e frite o alho e o gengibre até dourar levemente. Adicione os camarões e frite por 1 minuto. Adicione vinho ou xerez e misture bem. Adicione o molho de soja, o amido de milho e a água e frite por 2 minutos.

camarão com mangetout

para 4 pessoas

5 cogumelos chineses secos

225 g de broto de feijão

60 ml / 4 colheres de sopa de óleo de amendoim

5 ml / 1 colher de chá de sal

2 talos de aipo picados

4 cebolinhas (cebolas), picadas

2 dentes de alho, picados

2 fatias de raiz de gengibre picada

60 ml / 4 colheres de sopa de água

15 ml / 1 colher de sopa de molho de soja

15 ml / 1 colher de sopa de vinho de arroz ou xerez seco

225 g/8 onças de ervilhas de açúcar

225 g de camarão descascado

15 ml / 1 colher de fubá (amido de milho)

Mergulhe os cogumelos em água morna por 30 minutos e depois escorra. Descarte os talos e corte as pontas. Escalde os brotos de feijão em água fervente por 5 minutos e enxágue bem. Aquecer metade do azeite e refogar o sal, o aipo, a chalota e os rebentos de feijão durante 1 minuto e retirar da frigideira. Aqueça o óleo restante e frite o alho e o gengibre até dourar levemente.

Adicione metade da água, molho de soja, vinho ou xerez, ervilhas e camarão, leve para ferver e cozinhe por 3 minutos. Faça uma pasta de fubá e água restante, misture na frigideira e cozinhe, mexendo, até o molho engrossar. Retorne os legumes para a panela, cozinhe até dourar. Sirva agora.

camarão cogumelo chinês

para 4 pessoas

8 cogumelos chineses secos
45 ml / 3 colheres de sopa de óleo de amendoim (amendoim)
3 fatias de raiz de gengibre picada
450 g de camarão descascado
15 ml / 1 colher de sopa de molho de soja
5 ml / 1 colher de chá de sal
60 ml / 4 colheres de sopa de caldo de peixe

Mergulhe os cogumelos em água morna por 30 minutos e depois escorra. Descarte os talos e corte as pontas. Aqueça metade do óleo e frite o gengibre até dourar. Adicione o camarão, o molho de soja e o sal e frite até revestir com óleo e retire da panela. Aqueça o óleo restante e frite os cogumelos até que estejam revestidos com óleo. Adicione o caldo, deixe ferver, tampe e cozinhe por 3 minutos. Retorne o camarão para a panela e mexa até ficar cozido.

Refogue o camarão e as ervilhas

para 4 pessoas

450 g de camarão descascado
5 ml / 1 colher de chá de óleo de gergelim
5 ml / 1 colher de chá de sal
30 ml / 2 colheres de sopa de óleo de amendoim
1 dente de alho amassado
1 fatia de raiz de gengibre picada
225g/8 onças de feijão congelado ou cozido, descongelado
4 cebolinhas (cebolas), picadas
30 ml / 2 colheres de sopa de água
sal e pimenta

Misture o camarão com óleo de gergelim e sal. Aqueça o óleo e frite o alho e o gengibre por 1 minuto. Adicione os camarões e frite por 2 minutos. Adicione o feijão verde e frite por 1 minuto. Adicione cebolinha e água e adicione sal, pimenta e um pouco de óleo de gergelim, se desejar. Reaqueça com agitação suave antes de servir.

camarão com manga ajvar

para 4 pessoas

12 camarões

sal e pimenta

suco de 1 limão

30 ml / 2 colheres de fubá (amido de milho)

1 manga

5 ml / 1 colher de chá de mostarda em pó

5 ml / 1 colher de chá de mel

30 ml / 2 colheres de sopa de creme de coco

30 ml / 2 colheres de sopa de caril light

120 ml / 4 fl oz / ¬Ω copo de caldo de galinha

45 ml / 3 colheres de sopa de óleo de amendoim (amendoim)

2 dentes de alho picados

2 cebolinhas (cebolas), picadas

1 bulbo de funcho, picado

100g/4oz de manga em conserva

Descasque o camarão e deixe a cauda intacta. Polvilhe com sal, pimenta e suco de limão e cubra com metade do fubá. Descasque a manga, corte a polpa do caroço e pique a polpa. Junte a mostarda, o mel, o creme de coco, o curry em pó, o amido de milho restante e o caldo. Aqueça metade do azeite e frite o alho, a cebolinha e o funcho por 2 minutos. Adicione a mistura de sopa, deixe ferver e cozinhe por 1 minuto. Adicione os cubos de manga e o molho picante e aqueça suavemente, depois transfira para um prato quente. Aqueça o óleo restante e frite os camarões por 2 minutos. Coloque-os sobre os legumes e sirva todos de uma vez.

Camarões - Pequim

para 4 pessoas

30 ml / 2 colheres de sopa de óleo de amendoim
2 dentes de alho, picados
1 fatia de raiz de gengibre, finamente picada
225 g de camarão descascado
4 cebolinhas (cebolas verdes), em fatias grossas
120 ml / 4 fl oz / ½ copo de caldo de galinha
5 ml / 1 colher de chá de açúcar mascavo
5 ml / 1 colher de chá de molho de soja
5 ml / 1 colher de chá de molho de passas
5 ml / 1 colher de chá de molho Tabasco

Aqueça o azeite com o alho e o gengibre e frite até dourar levemente o alho. Adicione os camarões e frite por 1 minuto. Adicione a cebola e frite por 1 minuto. Adicione os outros ingredientes, deixe ferver, tampe e cozinhe por 4 minutos, mexendo de vez em quando. Controle o tempero e adicione um pouco mais de molho Tabasco, se quiser.

camarão pimenta vermelha

para 4 pessoas

30 ml / 2 colheres de sopa de óleo de amendoim
1 pimentão verde picado
450 g de camarão descascado
10 ml / 2 colheres de chá de fubá (amido de milho)
60 ml / 4 colheres de sopa de água
5 ml / 1 colher de chá de vinho de arroz ou xerez seco
2,5 ml / ¬Ω colher de chá de sal
45 ml / 2 colheres de sopa de pasta de tomate (pasta de tomate)

Aqueça o óleo e frite a pimenta por 2 minutos. Acrescente o camarão e o purê de tomate e misture bem. Misture a água de fubá, vinho ou xerez e sal em uma pasta, misture na frigideira e cozinhe, mexendo, até que o molho esteja claro e grosso.

Camarão frito com carne de porco

para 4 pessoas

225 g de camarão descascado
100g/4oz carne de porco magra, picada
60 ml / 4 colheres de sopa de vinho de arroz ou xerez seco
1 clara de ovo
45 ml / 3 colheres de sopa de fubá (amido de milho)
5 ml / 1 colher de chá de sal
15 ml / 1 colher de sopa de água (opcional)
90 ml / 6 colheres de sopa de óleo de amendoim (amendoim).
45 ml / 3 colheres de sopa de caldo de peixe
5 ml / 1 colher de chá de óleo de gergelim

Coloque o camarão e a carne de porco em pratos separados. Misture 45 ml / 3 colheres de sopa de vinho ou xerez, clara de ovo, 30 ml / 2 colheres de fubá e sal até formar uma massa macia, acrescente água se necessário. Divida a mistura entre a carne de porco e o camarão e misture bem para cobrir uniformemente. Aqueça o óleo e frite a carne de porco e o camarão por alguns minutos até dourar. Retire da panela e despeje tudo, exceto 15ml / 1 colher de sopa de óleo. Adicione o caldo à panela com o restante vinho ou xerez e fubá. Deixe ferver e cozinhe, mexendo, até o molho engrossar. Despeje sobre o camarão e a carne de porco e sirva com um fio de óleo de gergelim.

Camarão frito com molho de xerez

para 4 pessoas

50 g / 2 oz / ½ xícara de farinha de trigo

2,5 ml / ½ colher de chá de sal

1 ovo, levemente batido

30 ml / 2 colheres de sopa de água

450 g de camarão descascado

óleo para fritar

15 ml / 1 colher de sopa de óleo de amendoim

1 cebola finamente picada

45 ml / 3 colheres de sopa de vinho de arroz ou xerez seco

15 ml / 1 colher de sopa de molho de soja

120 ml / 4 fl oz / ½ xícara de caldo de peixe

10 ml / 2 colheres de chá de fubá (amido de milho)

30 ml / 2 colheres de sopa de água

Faça uma massa misturando farinha, sal, ovo e água, adicione um pouco mais de água se necessário. Misture com o camarão até ficar bem coberto. Aqueça o óleo e frite os camarões por alguns minutos até ficarem crocantes e dourados. Escorra em papel de cozinha e coloque num prato quente. Enquanto isso, aqueça o óleo e frite a cebola até dourar. Adicione o vinho ou xerez, o molho de soja e o caldo, deixe ferver e cozinhe por 4 minutos.

Misture o fubá e a água em uma pasta, misture na frigideira e cozinhe, mexendo, até o molho ficar claro e engrossar. Despeje o molho sobre os camarões e sirva.

camarão frito com gergelim

para 4 pessoas

450 g de camarão descascado
¬Ω clara de ovo
5 ml / 1 colher de chá de molho de soja
5 ml / 1 colher de chá de óleo de gergelim
50 g / 2 oz / ¬Ω xícara de fubá (milho)
sal e pimenta branca moída na hora
óleo para fritar
60 ml / 4 colheres de sopa de gergelim
folhas de repolho

Misture o camarão com clara de ovo, molho de soja, óleo de gergelim, amido de milho, sal e pimenta. Se a mistura estiver muito grossa, adicione um pouco de água. Aqueça o óleo e frite os camarões por alguns minutos até dourar. Durante esse tempo, frite brevemente as sementes de gergelim em uma frigideira seca até dourar. Escorra o camarão e misture com o gergelim. Sirva sobre uma cama de salada.

Camarão frito na casca

para 4 pessoas

60 ml / 4 colheres de sopa de óleo de amendoim
750 g / 1¬Ω lb camarão com casca
3 cebolinhas (cebolas), picadas
3 fatias de raiz de gengibre picada
2,5 ml / ¬Ω colher de chá de sal
15 ml / 1 colher de sopa de vinho de arroz ou xerez seco
120 ml / 4 fl oz / ¬Ω xícara de ketchup (ketchup)
15 ml / 1 colher de sopa de molho de soja
15 ml / 1 colher de sopa de açúcar
15 ml / 1 colher de fubá (amido de milho)
60 ml / 4 colheres de sopa de água

Aqueça o óleo e frite os camarões por 1 minuto se estiverem cozidos ou até dourar se estiverem crus. Adicione chalota, gengibre, sal e vinho ou xerez e frite por 1 minuto. Adicione o ketchup, o molho de soja e o açúcar e frite por 1 minuto. Misture o fubá com a água, coloque em uma panela e cozinhe, mexendo, até o molho clarear e engrossar.

camarão frito

para 4 pessoas

75 g / 3 oz / ¬° xícara de farinha de milho (amido de milho)
1 clara de ovo
5 ml / 1 colher de chá de vinho de arroz ou xerez seco
sal
350 g / 12 onças de camarão descascado
óleo para fritar

Misture o fubá, as claras em neve, o vinho ou xerez e um pouco de sal para fazer uma mistura espessa. Mergulhe o camarão na massa até ficar bem coberto. Aqueça o óleo até ficar bem quente e frite os camarões por alguns minutos até dourar. Retire do óleo, aqueça até ficar bem quente e frite os camarões novamente até ficarem crocantes e dourados.

tempurá de camarão

para 4 pessoas

450 g de camarão descascado
30 ml / 2 colheres de sopa de farinha de trigo
30 ml / 2 colheres de fubá (amido de milho)
30 ml / 2 colheres de sopa de água
2 ovos mexidos
óleo para fritar

Corte o camarão no meio da mola interna e espalhe-o para formar uma borboleta. Misture a farinha, o amido de milho e a água em uma massa e acrescente os ovos. Aqueça o óleo e frite os camarões até dourar.

Fadiga

para 4 pessoas

30 ml / 2 colheres de sopa de óleo de amendoim

2 cebolinhas (cebolas), picadas

1 dente de alho amassado

1 fatia de raiz de gengibre picada

100 g de peito de frango, cortado em tiras

100 g de presunto cortado em tiras

100 g de broto de bambu cortado em tiras

100 g de castanha d'água cortada em tiras

225 g de camarão descascado

30 ml / 2 colheres de sopa de molho de soja

30 ml / 2 colheres de sopa de vinho de arroz ou xerez seco

5 ml / 1 colher de chá de sal

5 ml / 1 colher de chá de açúcar

5 ml / 1 colher de chá de fubá (amido de milho)

Aqueça o óleo e frite a cebola, o alho e o gengibre até dourar levemente. Adicione o frango e frite por 1 minuto. Junte o presunto, o broto de bambu e as castanhas e frite por 3 minutos. Adicione os camarões e frite por 1 minuto. Adicione o molho de soja, vinho ou xerez, sal e açúcar e frite por 2 minutos. Misture o fubá com um pouco de água em uma tigela e cozinhe em fogo baixo por 2 minutos, mexendo.

camarão com tofu

para 4 pessoas

45 ml / 3 colheres de sopa de óleo de amendoim (amendoim)
225 g de tofu picado
1 cebolinha (cebola), picada
1 dente de alho amassado
15 ml / 1 colher de sopa de molho de soja
5 ml / 1 colher de chá de açúcar
90 ml / 6 colheres de sopa de caldo de peixe
225 g de camarão descascado
15 ml / 1 colher de fubá (amido de milho)
45 ml / 3 colheres de sopa de água

Aqueça metade do óleo e frite o tofu até dourar levemente, depois retire da panela. Aqueça o óleo restante e frite a cebolinha e o alho até dourar. Adicione o molho de soja, o açúcar e o caldo e deixe ferver. Adicione os camarões e mexa em fogo baixo por 3 minutos. Faça uma pasta de fubá e água, coloque em uma panela e cozinhe, mexendo, até o molho engrossar. Retorne o tofu para a panela e cozinhe até ficar bem aquecido.

camarão com tomate

para 4 pessoas

2 claras de ovo
30 ml / 2 colheres de fubá (amido de milho)
5 ml / 1 colher de chá de sal
450 g de camarão descascado
óleo para fritar
30 ml / 2 colheres de sopa de vinho de arroz ou xerez seco
225 g de tomates sem pele, sem sementes e picados

Misture as claras, o amido de milho e o sal. Adicione o camarão até ficar bem revestido. Aqueça o óleo e frite os camarões até ficarem cozidos. Despeje tudo menos 15 ml/1 colher de sopa de óleo e reaqueça. Adicione o vinho ou o xerez e os tomates e deixe ferver. Adicione o camarão e reaqueça rapidamente antes de servir.

camarão ao molho de tomate

para 4 pessoas

30 ml / 2 colheres de sopa de óleo de amendoim
1 dente de alho amassado
2 fatias de raiz de gengibre picada
2,5 ml / ½ colher de chá de sal
15 ml / 1 colher de sopa de vinho de arroz ou xerez seco
15 ml / 1 colher de sopa de molho de soja
6 ml / 4 colheres de sopa de ketchup (ketchup)
120 ml / 4 fl oz / ½ xícara de caldo de peixe
350 g / 12 onças de camarão descascado
10 ml / 2 colheres de chá de fubá (amido de milho)
30 ml / 2 colheres de sopa de água

Aqueça o óleo e frite o alho, o gengibre e o sal por 2 minutos. Adicione o vinho ou xerez, molho de soja, ketchup e caldo e leve para ferver. Adicione o camarão, tampe e cozinhe em fogo baixo por 2 minutos. Faça uma pasta de fubá e água, misture na frigideira e cozinhe, mexendo, até o molho ficar claro e engrossar.

Camarão com molho de tomate e pimenta

para 4 pessoas

60 ml / 4 colheres de sopa de óleo de amendoim
15 ml / 1 colher de sopa de gengibre moído
15 ml / 1 colher de sopa de alho picado
15 ml / 1 colher de sopa de cebolinha picada
60 ml / 4 colheres de sopa de pasta de tomate (pasta de tomate)
15 ml / 1 colher de sopa de molho picante
450 g de camarão descascado
15 ml / 1 colher de fubá (amido de milho)
15 ml / 1 colher de sopa de água

Aqueça o óleo e frite o gengibre, o alho e a cebolinha por 1 minuto. Adicione o purê de tomate e a pasta de pimenta e misture bem. Adicione os camarões e frite por 2 minutos. Faça uma pasta de fubá e água, misture na frigideira e cozinhe até o molho engrossar. Sirva agora.

Camarão frito com molho de tomate

para 4 pessoas

50 g / 2 oz / ¬Ω xícara de farinha de trigo
2,5 ml / ¬Ω colher de chá de sal
1 ovo, levemente batido
30 ml / 2 colheres de sopa de água
450 g de camarão descascado
óleo para fritar
30 ml / 2 colheres de sopa de óleo de amendoim
1 cebola finamente picada
2 fatias de raiz de gengibre picada
75 ml / 5 colheres de sopa de ketchup (ketchup)
10 ml / 2 colheres de chá de fubá (amido de milho)
30 ml / 2 colheres de sopa de água

Faça uma massa misturando farinha, sal, ovo e água, adicione um pouco mais de água se necessário. Misture com o camarão até ficar bem coberto. Aqueça o óleo e frite os camarões por alguns minutos até ficarem crocantes e dourados. Escorra em papel toalha.

Enquanto isso, aqueça o óleo e frite a cebola e o gengibre até ficarem macios. Adicione o ketchup e cozinhe por 3 minutos. Faça uma pasta de fubá e água, coloque em uma panela e cozinhe, mexendo, até o molho engrossar. Adicione o camarão à panela e cozinhe em fogo baixo até ficar cozido. Sirva agora.

camarão com legumes

para 4 pessoas

15 ml / 1 colher de sopa de óleo de amendoim
225g de brócolis
225g / 8 onças de cogumelos
225 g de brotos de bambu cortados em fatias
450 g de camarão descascado
120 ml / 4 fl oz / ½ copo de caldo de galinha
5 ml / 1 colher de chá de fubá (amido de milho)
5 ml / 1 colher de chá de molho de ostra
2,5 ml / ½ colher de chá de açúcar
2,5 ml/½ colher de chá de raiz de gengibre ralada
uma pitada de pimenta moída na hora

Aqueça o óleo e frite o brócolis por 1 minuto. Adicione os cogumelos e brotos de bambu e frite por 2 minutos. Adicione os camarões e frite por 2 minutos. Combine outros ingredientes e misture com a mistura de camarão. Deixe ferver, mexa e cozinhe por 1 minuto, mexendo sempre.

camarão com castanha d'água

para 4 pessoas

60 ml / 4 colheres de sopa de óleo de amendoim

1 dente de alho picado

1 fatia de raiz de gengibre picada

450 g de camarão descascado

30 ml / 2 colheres de sopa de vinho de arroz ou xerez seco 225 g / 8 onças de castanhas d'água, fatiadas

30 ml / 2 colheres de sopa de molho de soja

15 ml / 1 colher de fubá (amido de milho)

45 ml / 3 colheres de sopa de água

Aqueça o óleo e frite o alho e o gengibre até dourar levemente. Adicione os camarões e frite por 1 minuto. Adicione vinho ou xerez e misture bem. Adicione as castanhas d'água e frite por 5 minutos. Adicione os outros ingredientes e frite por 2 minutos.

ravióli de camarão

para 4 pessoas

450 g de camarão descascado, picado
225 g / 8 onças de vegetais misturados, picados
15 ml / 1 colher de sopa de molho de soja
2,5 ml / ¬Ω colher de chá de sal
algumas gotas de óleo de gergelim
aparência de 40 wonton
óleo para fritar

Misture camarão, legumes, molho de soja, sal e óleo de gergelim.

Para dobrar os wontons, segure o couro com a palma da mão esquerda e coloque um pouco do recheio no meio. Umedeça as bordas com ovo, dobre a pele em forma de triângulo e cole as bordas. Molhe as bordas com ovo e vire.

Aqueça o óleo e frite alguns wontons até dourar. Escorra bem antes de servir.

abalone de frango

para 4 pessoas

400 g / 14 oz abalone enlatado

30 ml / 2 colheres de sopa de óleo de amendoim

100g/4oz de peito de frango, picado

100 g / 4 onças de brotos de bambu, fatiados

250 ml / 8 fl oz / 1 xícara de caldo de peixe

15 ml / 1 colher de sopa de vinho de arroz ou xerez seco

5 ml / 1 colher de chá de açúcar

2,5 ml / ¬Ω colher de chá de sal

15 ml / 1 colher de fubá (amido de milho)

45 ml / 3 colheres de sopa de água

Escorra o abalone, separando a água e corte-o. Aqueça o óleo e frite o frango até ficar com uma cor clara. Adicione o abalone e os brotos de bambu e frite por 1 minuto. Adicione o líquido abalone, água, vinho ou xerez, açúcar e sal, deixe ferver e cozinhe por 2 minutos. Faça uma pasta de fubá e água e cozinhe, mexendo, até o molho ficar claro e espesso. Sirva agora.

abalone com espargos

para 4 pessoas

10 cogumelos chineses secos

30 ml / 2 colheres de sopa de óleo de amendoim

15 ml / 1 colher de sopa de água

225 g / 8 onças aspargos

2,5 ml / ¬Ω colher de chá de molho de peixe

15 ml / 1 colher de fubá (amido de milho)

225g/8oz abalone enlatado, fatiado

60 ml / 4 colheres de sopa

¬Ω cenoura pequena, cortada em rodelas

5 ml / 1 colher de chá de molho de soja

5 ml / 1 colher de chá de molho de ostra

5 ml / 1 colher de chá de vinho de arroz ou xerez seco

Mergulhe os cogumelos em água morna por 30 minutos e depois escorra. Descarte os talos. Aqueça 15 ml / 1 colher de sopa de óleo com água e frite os cogumelos por 10 minutos. Enquanto isso, cozinhe os aspargos em água fervente com molho de peixe e 5 ml/1 colher de fubá até ficarem macios. Escorra bem e leve ao lume com os cogumelos. mantê-los aquecidos. Aqueça o óleo restante e frite o abalone por alguns segundos, depois acrescente o caldo, a cenoura, o molho de soja, o molho de ostra, o vinho ou xerez e o amido de milho restante. Cozinhe por cerca de 5 minutos até ficar cozido, despeje sobre os aspargos e sirva.

Abalone com cogumelos

para 4 pessoas

6 cogumelos chineses secos
400 g / 14 oz abalone enlatado
45 ml / 3 colheres de sopa de óleo de amendoim (amendoim)
2,5 ml / ¬Ω colher de chá de sal
15 ml / 1 colher de sopa de vinho de arroz ou xerez seco
3 cebolinhas (tigela), em fatias grossas

Mergulhe os cogumelos em água morna por 30 minutos e depois escorra. Descarte os talos e corte as pontas. Escorra o abalone, separando a água e corte-o. Aqueça o óleo e frite o sal e os cogumelos por 2 minutos. Adicione o líquido abalone e o xerez, deixe ferver, tampe e cozinhe por 3 minutos. Adicione a cebolinha e a cebola e cozinhe até aquecer completamente. Sirva agora.

Abalone com molho de ostra

para 4 pessoas

400 g / 14 oz abalone enlatado
15 ml / 1 colher de fubá (amido de milho)
15 ml / 1 colher de sopa de molho de soja
45 ml / 3 colheres de sopa de molho de ostra
30 ml / 2 colheres de sopa de óleo de amendoim
50 g de presunto defumado picado

Esvazie a lata de abalone deixando 90 ml / 6 colheres de sopa de líquido. Misture com farinha de milho, molho de soja e molho de ostra. Aqueça o óleo e frite o abalone escorrido por 1 minuto. Adicione a mistura de molho e cozinhe, mexendo, até aquecer completamente, cerca de 1 minuto. Transfira para um prato quente e decore com presunto e sirva.

frutos do mar cozidos no vapor

para 4 pessoas

24 sanduíches

Massageie bem as cascas e mergulhe em água salgada por algumas horas. Lave em água corrente e coloque em um recipiente raso a prova de fogo. Coloque na grelha em uma panela a vapor, tampe e cozinhe em água fervente por cerca de 10 minutos até que todas as ostras estejam abertas. Descarte os que ainda estiverem fechados. Sirva com molhos.

Sanduíche de broto de feijão

para 4 pessoas

24 sanduíches

15 ml / 1 colher de sopa de óleo de amendoim

150g/5 onças de brotos de feijão

1 pimentão verde cortado em tiras

2 cebolinhas (cebolas), picadas

15 ml / 1 colher de sopa de vinho de arroz ou xerez seco

sal e pimenta-do-reino moída na hora

2,5 ml / ¬Ω colher de chá de óleo de gergelim

50 g de presunto defumado picado

Massageie bem as cascas e mergulhe em água salgada por algumas horas. Enxágue em água corrente. Leve uma panela com água para ferver, adicione as ostras e cozinhe por alguns minutos até que abram. Esvazie e descarte tudo o que ainda estiver fechado. Retire as cascas das cascas.

Aqueça o óleo e frite os brotos de feijão por 1 minuto. Adicione a páprica e a cebolinha e frite por 2 minutos. Adicione vinho ou xerez e tempere com sal e pimenta. Aqueça, em seguida, adicione as ostras e mexa até ficar bem combinado e aquecido. Transfira para um prato quente e sirva com uma pitada de óleo de gergelim e presunto.

Sanduíche de gengibre e alho

para 4 pessoas

24 sanduíches

15 ml / 1 colher de sopa de óleo de amendoim

2 fatias de raiz de gengibre picada

2 dentes de alho, picados

15 ml / 1 colher de sopa de água

5 ml / 1 colher de chá de óleo de gergelim

sal e pimenta-do-reino moída na hora

Massageie bem as cascas e mergulhe em água salgada por algumas horas. Enxágue em água corrente. Aqueça o óleo e frite o gengibre e o alho por 30 segundos. Adicione as ostras, a água e o óleo de gergelim, tampe e cozinhe por cerca de 5 minutos até os mexilhões abrirem. Descarte os que ainda estiverem fechados. Tempere levemente com sal e pimenta e sirva imediatamente.

ostras fritas

para 4 pessoas

24 sanduíches
60 ml / 4 colheres de sopa de óleo de amendoim
4 dentes de alho, picados
1 cebola picada
2,5 ml / ¬Ω colher de chá de sal

Massageie bem as cascas e mergulhe em água salgada por algumas horas. Enxágue em água corrente e depois seque. Aqueça o óleo e frite o alho, a cebola e o sal até dourar. Adicione as ostras, tampe e cozinhe por cerca de 5 minutos até que todas as ostras estejam abertas. Descarte os que ainda estiverem fechados. Frite levemente por mais 1 minuto, regue com óleo.

bolos de caranguejo

para 4 pessoas

225 g de broto de feijão
60 ml / 4 colheres de sopa de óleo de amendoim 100 g / 4 onças de brotos de bambu, cortados em tiras
1 cebola picada
225 g / 8 onças de carne de caranguejo, em cubos
4 ovos levemente batidos
15 ml / 1 colher de fubá (amido de milho)
30 ml / 2 colheres de sopa de molho de soja
sal e pimenta-do-reino moída na hora

Após ferver o broto de feijão em água fervente por 4 minutos, escorra. Aqueça metade do óleo e frite o broto de feijão, o broto de bambu e a cebola até ficarem macios. Retire do fogo e misture com os outros ingredientes, exceto o óleo. Em uma panela limpa, aqueça o óleo restante e pegue uma colher da mistura de siri para formar pãezinhos. Frite até dourar levemente dos dois lados e sirva em seguida.

creme de caranguejo

para 4 pessoas

225 g / 8 onças de carne de caranguejo

5 ovos mexidos

1 cebolinha bem picadinha (cebola)

250 ml / 8 onças fluidas / 1 copo de água

5 ml / 1 colher de chá de sal

5 ml / 1 colher de chá de óleo de gergelim

Misture bem todos os ingredientes. Coloque em um recipiente, tampe e coloque em banho-maria com água quente ou grelha a vapor. Cozinhe no vapor por cerca de 35 minutos, mexendo ocasionalmente, até ficar cremoso. Sirva com arroz.

carne de caranguejo tufada chinesa

para 4 pessoas

450 g / 1 lb folha chinesa, rasgada

45 ml / 3 colheres de sopa de óleo

2 cebolinhas (cebolas), picadas

225 g / 8 onças de carne de caranguejo

15 ml / 1 colher de sopa de molho de soja

15 ml / 1 colher de sopa de vinho de arroz ou xerez seco

5 ml / 1 colher de chá de sal

Escalde as folhas chinesas em água fervente por 2 minutos, depois enxágue bem e enxágue com água fria. Aqueça o óleo e frite a cebolinha até dourar. Adicione a carne de siri e frite por 2 minutos. Adicione as folhas chinesas e frite por 4 minutos. Adicione o molho de soja, vinho ou xerez e sal e misture bem. Junte o caldo e o fubá, deixe ferver e cozinhe, mexendo, por 2 minutos, até o molho clarear e engrossar.

Caranguejo Foo Yung com brotos de feijão

para 4 pessoas

6 ovos mexidos

45 ml / 3 colheres de sopa de fubá (amido de milho)

225 g / 8 onças de carne de caranguejo

100 g de broto de feijão

2 cabeças de cebolas roxas (pote), finamente picadas

2,5 ml / ¬Ω colher de chá de sal

45 ml / 3 colheres de sopa de óleo de amendoim (amendoim)

Bata os ovos e acrescente o fubá. Misture o restante, exceto o óleo. Aqueça o óleo e despeje lentamente a mistura na panela para fazer pequenas panquecas com cerca de 3 cm de largura. Frite até dourar, depois vire e frite o outro lado.

Caranguejo Gengibre

para 4 pessoas

15 ml / 1 colher de sopa de óleo de amendoim

2 fatias de raiz de gengibre picada

4 cebolinhas (cebolas), picadas

3 dentes de alho, picados

1 pimenta vermelha picada

350 g de carne de caranguejo em cubos

2,5 ml / ½ colher de chá de pasta de peixe

2,5 ml / ½ colher de chá de óleo de gergelim

15 ml / 1 colher de sopa de vinho de arroz ou xerez seco

5 ml / 1 colher de chá de fubá (amido de milho)

15 ml / 1 colher de sopa de água

Aqueça o óleo e frite o gengibre, a cebolinha, o alho e a pimenta por 2 minutos. Adicione a carne de siri e misture até ficar bem revestida com os temperos. Adicione a pasta de peixe. Moa os ingredientes restantes em uma pasta, coloque-os na panela e frite por 1 minuto. Sirva agora.

Caranguejo Lo Mein

para 4 pessoas

100 g de broto de feijão

30 ml / 2 colheres de sopa de óleo de amendoim

5 ml / 1 colher de chá de sal

1 fatia de cebola

100g / 4oz cogumelos, fatiados

225 g / 8 onças de carne de caranguejo, em cubos

100 g / 4 onças de brotos de bambu, fatiados

Noodles fritos

30 ml / 2 colheres de sopa de molho de soja

5 ml / 1 colher de chá de açúcar

5 ml / 1 colher de chá de óleo de gergelim

sal e pimenta-do-reino moída na hora

Após ferver o broto de feijão em água fervente por 5 minutos, escorra. Aqueça o óleo e frite o sal e a cebola até dourar. Adicione os cogumelos e frite até ficarem macios. Adicione a carne de siri e frite por 2 minutos. Adicione os brotos de feijão e os brotos de bambu e frite por 1 minuto. Adicione o macarrão escorrido à panela e misture delicadamente. Misture o molho de soja, o açúcar e o óleo de gergelim e adicione sal e pimenta. Mexa na panela até aquecer completamente.

Caranguejo frito com carne de porco

para 4 pessoas

30 ml / 2 colheres de sopa de óleo de amendoim
100 gr de carne de porco moída
350 g de carne de caranguejo em cubos
2 fatias de raiz de gengibre picada
2 ovos levemente batidos
15 ml / 1 colher de sopa de molho de soja
15 ml / 1 colher de sopa de vinho de arroz ou xerez seco
30 ml / 2 colheres de sopa de água
sal e pimenta-do-reino moída na hora
4 cebolinhas (cebola verde), cortadas em tiras

Aqueça o óleo e frite a carne de porco até que fique marrom claro. Adicione a carne de siri e o gengibre e frite por 1 minuto. Adicione os ovos. Adicione o molho de soja, vinho ou xerez, água, sal e pimenta e cozinhe, mexendo, por cerca de 4 minutos. Sirva decorado com cebolinha.

Carne de siri empanada

para 4 pessoas

30 ml / 2 colheres de sopa de óleo de amendoim

450 g de carne de caranguejo em cubos

2 cebolinhas (cebolas), picadas

2 fatias de raiz de gengibre picada

30 ml / 2 colheres de sopa de molho de soja

30 ml / 2 colheres de sopa de vinho de arroz ou xerez seco

2,5 ml / ¬Ω colher de chá de sal

15 ml / 1 colher de fubá (amido de milho)

60 ml / 4 colheres de sopa de água

Aqueça o óleo e frite a carne de siri, a cebolinha e o gengibre por 1 minuto. Adicione o molho de soja, vinho ou xerez e sal, tampe e cozinhe por 3 minutos. Misture o fubá e a água em uma pasta, misture na frigideira e cozinhe, mexendo, até o molho ficar claro e engrossar.

bolinhos de lula fritos

para 4 pessoas

450 gr de lula
50 g de banha, esfarelada
1 clara de ovo
2,5 ml / ¬Ω colher de chá de açúcar
2,5 ml / ¬Ω colher de chá de amido de milho (amido de milho)
sal e pimenta-do-reino moída na hora
óleo para fritar

Corte e amasse a lula ou faça uma pasta. Misture a banha, as claras, o açúcar e o amido de milho e adicione sal e pimenta. Pressione a mistura em bolas. Aqueça o óleo e, se necessário, frite os bolinhos de lula aos poucos até que subam à superfície do óleo e fiquem dourados. Escorra bem e sirva imediatamente.

lagosta cantonesa

para 4 pessoas

2 lagostas

30 ml / 2 colheres de sopa de óleo

15 ml / 1 colher de sopa de molho de feijão preto

1 dente de alho amassado

1 cebola picada

225 g de carne moída (moída)

45 ml / 3 colheres de sopa de molho de soja

5 ml / 1 colher de chá de açúcar

sal e pimenta-do-reino moída na hora

15 ml / 1 colher de fubá (amido de milho)

75 ml / 5 colheres de sopa de água

1 ovo mexido

Descongele a lagosta, retire a carne e corte em cubos de 2,5 cm. Aqueça o óleo e frite o molho de feijão preto, alho e cebola até dourar. Adicione a carne de porco e frite até dourar. Adicione o molho de soja, açúcar, sal, pimenta e lagosta, tampe e cozinhe por cerca de 10 minutos. Faça uma pasta de fubá e água, misture na frigideira e cozinhe, mexendo, até o molho ficar claro e engrossar. Desligue o fogo e acrescente o ovo antes de servir.

lagosta frita

para 4 pessoas

450 g / 1 libra de carne de lagosta
30 ml / 2 colheres de sopa de molho de soja
5 ml / 1 colher de chá de açúcar
1 ovo mexido
30 ml / 3 colheres de sopa de farinha de trigo
óleo para fritar

Corte a carne da lagosta em cubos de 2,5 cm/1 e misture com o molho de soja e o açúcar. Deixe descansar por 15 minutos e depois coe. Bata o ovo e a farinha, depois acrescente a lagosta e misture bem. Aqueça o óleo e frite a lagosta até dourar. Escorra em papel de cozinha antes de servir.

Lagosta ao vapor com presunto

para 4 pessoas

4 ovos levemente batidos
60 ml / 4 colheres de sopa de água
5 ml / 1 colher de chá de sal
15 ml / 1 colher de sopa de molho de soja
450 g / 1 lb carne de lagosta, flocos
15 ml / 1 colher de sopa de presunto picado
15 ml / 1 colher de sopa de salsa fresca picada

Bata os ovos com água, sal e molho de soja. Despeje em uma tigela refratária e polvilhe sobre a carne de lagosta. Coloque a tigela na grelha do banho-maria, tampe e cozinhe no vapor por 20 minutos até que os ovos estejam firmes. Sirva decorado com presunto e salsa.

lagosta com cogumelos

para 4 pessoas

450 g / 1 libra de carne de lagosta

15 ml / 1 colher de fubá (amido de milho)

60 ml / 4 colheres de sopa de água

30 ml / 2 colheres de sopa de óleo de amendoim

4 cebolinhas (cebolas verdes), em fatias grossas

100g / 4oz cogumelos, fatiados

2,5 ml / ½ colher de chá de sal

1 dente de alho amassado

30 ml / 2 colheres de sopa de molho de soja

15 ml / 1 colher de sopa de vinho de arroz ou xerez seco

Corte a carne da lagosta em cubos de 2,5 cm. Faça uma pasta de farinha de milho e água e jogue os cubos de lagosta na mistura de revestimento. Aqueça metade do óleo e frite os cubos de lagosta até dourar levemente, depois retire da panela. Aqueça o óleo restante e frite as cebolinhas até dourar. Adicione os cogumelos e frite por 3 minutos. Adicione sal, alho, molho de soja e vinho ou xerez e frite por 2 minutos. Retorne a lagosta para a panela e frite até ficar cozido.

Caudas de lagosta com carne de porco

para 4 pessoas

3 cogumelos chineses secos

4 caudas de lagosta

60 ml / 4 colheres de sopa de óleo de amendoim

100 gr de carne de porco moída

50 g de castanha d'água picada finamente

sal e pimenta-do-reino moída na hora

2 dentes de alho, picados

45 ml / 3 colheres de sopa de molho de soja

30 ml / 2 colheres de sopa de vinho de arroz ou xerez seco

30 ml / 2 colheres de sopa de molho de feijão preto

10 ml / 2 colheres de fubá (amido de milho)

120 ml / 4 fl oz / ¬Ω copo de água

Mergulhe os cogumelos em água morna por 30 minutos e depois escorra. Descarte os talos e pique os topos. Corte as caudas de lagosta ao meio no sentido do comprimento. Retire a carne das caudas de lagosta e guarde as cascas. Aqueça metade do óleo e frite a carne de porco até dourar. Retire do fogo e acrescente os cogumelos, a carne de lagosta, as castanhas, o sal e a pimenta e misture. Pressione a carne de volta nas cascas de lagosta e coloque em uma assadeira. Coloque em uma gradinha em uma panela a vapor, tampe e cozinhe por cerca de 20 minutos até ficar cozido. Enquanto isso, aqueça o óleo restante e frite o alho, o molho de soja, o vinho ou xerez e o molho de feijão preto por 2 minutos. Misture o fubá com a água até obter uma consistência pastosa, coloque na panela e cozinhe, mexendo, até o molho engrossar. Coloque a lagosta no fogão,

lagosta frita

para 4 pessoas

450 g de cauda de lagosta

30 ml / 2 colheres de sopa de óleo de amendoim

1 dente de alho amassado

2,5 ml / ¬Ω colher de chá de sal

350 g / 12 onças de brotos de feijão

50g / 2 onças de cogumelos

4 cebolinhas (cebolas verdes), em fatias grossas

150 ml / ¬° pt / grande ¬Ω xícara de caldo de galinha

15 ml / 1 colher de fubá (amido de milho)

Leve uma panela com água para ferver, adicione as caudas de lagosta e cozinhe por 1 minuto. Coe, deixe esfriar, retire a pele e corte em fatias mais grossas. Aqueça o azeite com o alho e o sal e frite até dourar levemente o alho. Adicione a lagosta e frite por 1 minuto. Adicione os brotos de feijão e os cogumelos e frite por 1 minuto. Adicione cebolinha. Adicione a maior parte do caldo, deixe ferver, tampe e cozinhe por 3 minutos. Misture o fubá com a água restante, despeje na panela e cozinhe, mexendo, até que o molho fique com uma consistência leve e espessa.

ninho de lagosta

para 4 pessoas

30 ml / 2 colheres de sopa de óleo de amendoim
5 ml / 1 colher de chá de sal
1 cebola finamente picada
100g / 4oz cogumelos, fatiados
100 g/4 onças de brotos de bambu, fatiados 225 g/8 onças de carne de lagosta cozida
15 ml / 1 colher de sopa de vinho de arroz ou xerez seco
120 ml / 4 fl oz / ¬Ω copo de caldo de galinha
uma pitada de pimenta moída na hora
10 ml / 2 colheres de chá de fubá (amido de milho)
15 ml / 1 colher de sopa de água
4 cestas para macarrão

Aqueça o óleo e frite o sal e a cebola até dourar. Adicione os cogumelos e brotos de bambu e frite por 2 minutos. Adicione a carne de lagosta, vinho ou xerez e água, deixe ferver, tampe e cozinhe por 2 minutos. Tempere com pimenta. Faça uma pasta de fubá e água, coloque em uma panela e cozinhe, mexendo, até o molho engrossar. Coloque os ninhos de macarrão em uma chapa quente e coloque a lagosta frita sobre eles.

Mexilhões em molho de feijão preto

para 4 pessoas

45 ml / 3 colheres de sopa de óleo de amendoim (amendoim)
2 dentes de alho, picados
2 fatias de raiz de gengibre picada
30 ml / 2 colheres de sopa de molho de feijão preto
15 ml / 1 colher de sopa de molho de soja
1,5 kg / 3 lb mexilhões, lavados e aparados
2 cebolinhas (cebolas), picadas

Aqueça o óleo e frite o alho e o gengibre por 30 segundos. Adicione o molho de feijão preto e o molho de soja e refogue por 10 segundos. Adicione os mexilhões, tampe e cozinhe por cerca de 6 minutos até os mexilhões abrirem. Descarte os que ainda estiverem fechados. Transfira para um prato quente e sirva polvilhado com cebolinha.

mexilhão de gengibre

para 4 pessoas

45 ml / 3 colheres de sopa de óleo de amendoim (amendoim)
2 dentes de alho, picados
4 fatias de raiz de gengibre picada
1,5 kg / 3 lb mexilhões, lavados e aparados
45 ml / 3 colheres de sopa de água
15 ml / 1 colher de sopa de molho de ostra

Aqueça o óleo e frite o alho e o gengibre por 30 segundos. Adicione os mexilhões e a água, feche a tampa e cozinhe por cerca de 6 minutos até os mexilhões abrirem. Descarte os que ainda estiverem fechados. Transfira para um prato quente e sirva com um fiozinho de molho de ostra.

mexilhões cozidos

para 4 pessoas

1,5 kg / 3 lb mexilhões, lavados e aparados
45 ml / 3 colheres de sopa de molho de soja
3 cebolinhas (xícaras), bem picadas

Coloque os mexilhões na grelha da panela a vapor, tampe e cozinhe em água fervente por cerca de 10 minutos até que todos os mexilhões estejam abertos. Descarte os que ainda estiverem fechados. Transfira para um prato quente e sirva com uma pitada de molho de soja e cebolinha.

ostras fritas

para 4 pessoas

24 ostras descascadas
sal e pimenta-do-reino moída na hora
1 ovo mexido
50 g / 2 oz / ¬Ω xícara de farinha de trigo
250 ml / 8 onças fluidas / 1 copo de água
óleo para fritar
4 cebolinhas (cebolas), picadas

Tempere as ostras com sal e pimenta. Misture o ovo em uma massa com farinha e água e cubra as ostras com ele. Aqueça o óleo e frite as ostras até dourar. Escorra em papel de cozinha e decore com cebolinha e sirva.

ostras com bacon

para 4 pessoas

175 g / 6 onças de bacon
24 ostras descascadas
1 ovo, levemente batido
15 ml / 1 colher de sopa de água
45 ml / 3 colheres de sopa de óleo de amendoim (amendoim)
2 cebolas picadas
15 ml / 1 colher de fubá (amido de milho)
15 ml / 1 colher de sopa de molho de soja
90 ml / 6 colheres de sopa de caldo de galinha

Corte o bacon em pedaços e enrole um pedaço em cada ostra. Bata o ovo com água e mergulhe nas ostras para revestir. Aqueça metade do óleo e frite as ostras até dourar dos dois lados, retire da panela e escorra o óleo. Aqueça o óleo restante e frite a cebola até ficar macia. Misture o fubá, o molho de soja e a sopa até obter uma consistência pastosa, despeje na panela e cozinhe, mexendo, até o molho clarear e engrossar. Despeje sobre as ostras e sirva imediatamente.

Ostras fritas com gengibre

para 4 pessoas

24 ostras descascadas
2 fatias de raiz de gengibre picada
30 ml / 2 colheres de sopa de molho de soja
15 ml / 1 colher de sopa de vinho de arroz ou xerez seco
4 cebolinhas (cebola verde), cortadas em tiras
100g de bacon
1 ovo
50 g / 2 oz / ¬Ω xícara de farinha de trigo
sal e pimenta-do-reino moída na hora
óleo para fritar
1 limão cortado em rodelas

Coloque as ostras em uma tigela com o gengibre, o molho de soja e o vinho ou xerez e misture bem. Aguarde 30 minutos. Coloque algumas tiras de cebolinha em cima de cada ostra. Corte o bacon em pedaços e enrole um pedaço em cada ostra. Bata os ovos e a farinha até formar uma massa e adicione sal e pimenta. Mergulhe as ostras na massa até ficarem bem cobertas. Aqueça o óleo e frite as ostras até dourar. Sirva decorado com rodelas de limão.

Ostras com molho de feijão preto

para 4 pessoas

350 g / 12 onças de ostras sem casca
120 ml / 4 fl oz / ¬Ω xícara de óleo de amendoim (amendoim)
2 dentes de alho, picados
3 cebolinhas, fatiadas
15 ml / 1 colher de sopa de molho de feijão preto
30 ml / 2 colheres de sopa de molho de soja escuro
15 ml / 1 colher de sopa de óleo de gergelim
uma pitada de páprica

Ferva as ostras em água fervente por 30 segundos e depois escorra. Aqueça o óleo e frite o alho e a cebolinha por 30 segundos. Adicione o molho de feijão preto, molho de soja, óleo de gergelim e ostras e tempere com páprica, se desejar. Frite até ficar bem quente e sirva imediatamente.

Vieiras com brotos de bambu

para 4 pessoas

60 ml / 4 colheres de sopa de óleo de amendoim

6 cebolinhas (cebolas), picadas

225 g de cogumelos, cortados em quartos

15 ml / 1 colher de sopa de açúcar

450 g / 1 libra marisco

2 fatias de raiz de gengibre picada

225 g de brotos de bambu cortados em fatias

sal e pimenta-do-reino moída na hora

300 ml / ¬Ω tr / 1 ¬° copo de água

30 ml / 2 colheres de sopa de vinagre de vinho

30 ml / 2 colheres de fubá (amido de milho)

150 ml / ¬° pt / grande ¬Ω copo de água

45 ml / 3 colheres de sopa de molho de soja

Aqueça o azeite e frite as cebolas e os cogumelos por 2 minutos. Adicione o açúcar, as vieiras, o gengibre, o broto de bambu, o sal e a pimenta, feche a tampa e cozinhe por 5 minutos. Adicione a água e o vinagre, deixe ferver, tampe e cozinhe por 5 minutos. Faça uma pasta de fubá e água, coloque em uma panela e cozinhe, mexendo, até o molho engrossar. Tempere com molho de soja e sirva.

ovo de amêijoa

para 4 pessoas

45 ml / 3 colheres de sopa de óleo de amendoim (amendoim)
350g / 12oz vieiras
25 g de presunto defumado picado
30 ml / 2 colheres de sopa de vinho de arroz ou xerez seco
5 ml / 1 colher de chá de açúcar
2,5 ml / ¬Ω colher de chá de sal
uma pitada de pimenta moída na hora
2 ovos levemente batidos
15 ml / 1 colher de sopa de molho de soja

Aqueça o óleo e frite as vieiras por 30 segundos. Adicione o presunto e frite por 1 minuto. Adicione o vinho ou xerez, açúcar, sal e pimenta e frite por 1 minuto. Adicione os ovos e misture delicadamente em fogo alto até que os ingredientes estejam bem cobertos com o ovo. Sirva com um fio de molho de soja.

vieiras com brócolis

para 4 pessoas

350 g de vieiras cortadas em rodelas

3 fatias de raiz de gengibre picada

¬Ω cenoura pequena, cortada em rodelas

1 dente de alho amassado

45 ml / 3 colheres de sopa de farinha de trigo (para todos os fins)

2,5 ml / ¬Ω colher de chá de bicarbonato de sódio (bicarbonato de sódio)

30 ml / 2 colheres de sopa de óleo de amendoim

15 ml / 1 colher de sopa de água

1 rodela de banana

óleo para fritar

275 g / 10 onças de brócolis

sal

5 ml / 1 colher de chá de óleo de gergelim

2,5 ml / ¬Ω colher de chá de molho de pimenta

2,5 ml / ¬Ω colher de chá de vinagre de vinho

2,5 ml / ¬Ω colher de chá de pasta de tomate (pasta de tomate)

Misture as vieiras com o gengibre, a cenoura e o alho e deixe refogar. Faça uma pasta de farinha, fermento em pó, 15ml/1 colher de sopa de óleo e água e cubra as rodelas de banana com ela. Aqueça o óleo e frite as bananas até dourar, depois escorra e coloque na chapa quente. Enquanto isso, ferva o brócolis em água fervente com sal até ficar macio, escorra. Aqueça o restante do óleo com óleo de gergelim e frite os brócolis rapidamente, depois espalhe no prato com as bananas. Adicione o molho de pimenta, o vinagre e o extrato de tomate à panela e frite as vieiras até ficarem bem cozidas. Coloque em um prato e sirva imediatamente.

vieiras de gengibre

para 4 pessoas

45 ml / 3 colheres de sopa de óleo de amendoim (amendoim)
2,5 ml / ¬Ω colher de chá de sal
3 fatias de raiz de gengibre picada
2 cabeças de cebola roxa (tigela), em fatias mais grossas
450 g / 1 lb de vieiras sem casca, cortadas ao meio
15 ml / 1 colher de fubá (amido de milho)
60 ml / 4 colheres de sopa de água

Aqueça o óleo e frite o sal e o gengibre por 30 segundos. Adicione a cebolinha e frite até dourar. Adicione as vieiras e frite por 3 minutos. Faça uma pasta de fubá e água, adicione à panela e cozinhe em fogo baixo, mexendo até engrossar. Sirva agora.

vieiras com presunto

para 4 pessoas

450 g / 1 lb de vieiras sem casca, cortadas ao meio
250 ml / 1 xícara de vinho de arroz ou xerez seco
1 cebola finamente picada
2 fatias de raiz de gengibre picada
2,5 ml / ¬Ω colher de chá de sal
100 g de presunto defumado picado

Coloque as vieiras em uma tigela e adicione vinho ou xerez. Cubra e deixe marinar por 30 minutos, virando de vez em quando, depois escorra as vieiras e descarte a marinada. Coloque as vieiras em uma assadeira com os outros ingredientes. Coloque o prato na grelha do vaporizador, tampe e cozinhe em água fervente por cerca de 6 minutos até que as vieiras estejam macias.

Omelete com vieiras e ervas

para 4 pessoas

225 g de vieiras sem casca
30 ml / 2 colheres de sopa de coentros frescos picados
4 ovos mexidos
15 ml / 1 colher de sopa de vinho de arroz ou xerez seco
sal e pimenta-do-reino moída na hora
15 ml / 1 colher de sopa de óleo de amendoim

Coloque as vieiras em uma panela a vapor e cozinhe por cerca de 3 minutos até ficarem totalmente cozidas, dependendo do tamanho. Retire do vapor e polvilhe com coentros. Bata os ovos com vinho ou xerez e tempere com sal e pimenta. Adicione as vieiras e os coentros. Aqueça o óleo e frite a mistura de ovo e vieiras, mexendo sempre, até que o ovo esteja firme. Sirva agora.

Vieiras e Cebolas Fritas

para 4 pessoas

45 ml / 3 colheres de sopa de óleo de amendoim (amendoim)
1 fatia de cebola
450 g de vieiras em quartos
sal e pimenta-do-reino moída na hora
15 ml / 1 colher de sopa de vinho de arroz ou xerez seco

Aqueça o óleo e frite a cebola até murchar. Adicione as vieiras e frite até dourar. Tempere com sal e pimenta, regue com vinho ou xerez e sirva imediatamente.

vieiras com legumes

para 4'6

4 cogumelos chineses secos
2 cebolas
30 ml / 2 colheres de sopa de óleo de amendoim
3 talos de aipo, cortados transversalmente
225 g de vagem cortada em cruz
10 ml / 2 colheres de chá de raiz de gengibre ralada
1 dente de alho amassado
20 ml / 4 colheres de chá de fubá (amido de milho)
250 ml / 8 fl oz / 1 xícara de caldo de galinha
30 ml / 2 colheres de sopa de vinho de arroz ou xerez seco
30 ml / 2 colheres de sopa de molho de soja
450 g de vieiras em quartos
6 cebolinhas (cebolas), cortadas em rodelas
425 g / 15 oz milho enlatado na espiga

Mergulhe os cogumelos em água morna por 30 minutos e depois escorra. Descarte os talos e corte as pontas. Corte a cebola em rodelas e separe as camadas. Aqueça o azeite e frite a cebola, o aipo, o feijão, o gengibre e o alho por 3 minutos. Misture a farinha de milho com um pouco de caldo, depois misture com o caldo restante, vinho ou xerez e molho de soja. Adicione ao wok e deixe ferver, mexendo. Adicione os cogumelos, as vieiras, a cebola e o milho e refogue por cerca de 5 minutos até que as vieiras estejam macias.

Vieiras com pimenta vermelha

para 4 pessoas

30 ml / 2 colheres de sopa de óleo de amendoim

3 cebolinhas (cebolas), picadas

1 dente de alho amassado

2 fatias de raiz de gengibre picada

2 pimentões vermelhos, picados

450 g / 1 libra marisco

30 ml / 2 colheres de sopa de vinho de arroz ou xerez seco

15 ml / 1 colher de sopa de molho de soja

15 ml / 1 colher de sopa de molho de feijão amarelo

5 ml / 1 colher de chá de açúcar

5 ml / 1 colher de chá de óleo de gergelim

Aqueça o óleo e frite a cebolinha, o alho e o gengibre por 30 segundos. Adicione a pimenta e frite por 1 minuto. Adicione as vieiras e cozinhe por 30 segundos, depois adicione a água restante e cozinhe até que as vieiras estejam macias, cerca de 3 minutos.

Lula com broto de feijão

para 4 pessoas

450 gr de lula

30 ml / 2 colheres de sopa de óleo de amendoim

15 ml / 1 colher de sopa de vinho de arroz ou xerez seco

100 g de broto de feijão

15 ml / 1 colher de sopa de molho de soja

sal

1 pimenta vermelha, ralada

2 fatias de raiz de gengibre, ralado

2 cebolinhas (cebolas), raladas

Retire a cabeça, as tripas e a pele da lula e corte em pedaços maiores. Corte um padrão diagonal em cada peça. Leve a água a ferver, junte as lulas e cozinhe em lume brando até os pedaços ficarem arredondados, retire e coe. Aqueça metade do azeite e frite rapidamente as lulas. Polvilhe com vinho ou xerez. Enquanto isso, aqueça o óleo restante e frite os brotos de feijão até ficarem macios. Tempere com molho de soja e sal. Disponha os pimentões, o gengibre e a cebolinha em uma travessa. Forre os brotos de feijão no meio e coloque as lulas. Sirva agora.

lulas fritas

para 4 pessoas

50 g / 2 onças de farinha de trigo

25 g / 1 onça / ¬° xícara de amido de milho (amido de milho)

2,5 ml / ¬Ω colher de chá de bicarbonato de sódio

2,5 ml / ¬Ω colher de chá de sal

1 ovo

75 ml / 5 colheres de sopa de água

15 ml / 1 colher de sopa de óleo de amendoim

450 g de lula cortada em rodelas

óleo para fritar

Misture a farinha, o amido de milho, o fermento, o sal, o ovo, a água e o óleo na massa. Mergulhe a lula na massa até ficar bem revestida. Aqueça o óleo e frite as lulas peça por peça até dourar. Escorra em papel de cozinha antes de servir.

pacotes de lula

para 4 pessoas

8 cogumelos chineses secos

450 gr de lula

100g/4oz presunto defumado

100 g / 4 onças de tofu

1 ovo mexido

15 ml / 1 colher de sopa de farinha de trigo

2,5 ml / ½ colher de chá de açúcar

2,5 ml / ½ colher de chá de óleo de gergelim

sal e pimenta-do-reino moída na hora

8 peles wonton

óleo para fritar

Mergulhe os cogumelos em água morna por 30 minutos e depois escorra. Descarte os talos. Corte a lula e corte-a em 8 pedaços. Corte o presunto e o tofu em 8 pedaços. Coloque todos em uma tigela. Misture o ovo com a farinha, o açúcar, o óleo de gergelim, o sal e a pimenta. Despeje os ingredientes em uma tigela e misture delicadamente. Coloque a tampa do cogumelo e pedaços de lula, presunto e tofu bem no meio de cada concha de wonton. Dobre o canto inferior, dobre para o lado e enrole, molhando as bordas com água. Aqueça o óleo e frite os pedaços por cerca de 8 minutos até dourar. Escorra bem antes de servir.

rolos de lula frita

para 4 pessoas

45 ml / 3 colheres de sopa de óleo de amendoim (amendoim)

225 g de anéis de lula

1 pimentão verde grande, cortado em pedaços

100 g / 4 onças de brotos de bambu, fatiados

2 cabeças de cebolas roxas (pote), finamente picadas

1 fatia de raiz de gengibre, finamente picada

45 ml / 2 colheres de sopa de molho de soja

30 ml / 2 colheres de sopa de vinho de arroz ou xerez seco

15 ml / 1 colher de fubá (amido de milho)

15 ml / 1 colher de sopa de caldo de peixe ou água

5 ml / 1 colher de chá de açúcar

5 ml / 1 colher de chá de vinagre de vinho

5 ml / 1 colher de chá de óleo de gergelim

sal e pimenta-do-reino moída na hora

Aqueça 15 ml / 1 colher de sopa de óleo e frite rapidamente as lulas até ficarem bem cobertas. Durante esse tempo, aqueça o restante do óleo em uma panela separada e frite o pimentão, o broto de bambu, a cebola e o gengibre por 2 minutos. Adicione a lula e frite por 1 minuto. Adicione o molho de soja, vinho ou xerez, grãos de milho, caldo, açúcar, vinagre e óleo de gergelim e tempere com sal e pimenta. Frite até o molho clarear e engrossar.

lulas fritas

para 4 pessoas

45 ml / 3 colheres de sopa de óleo de amendoim (amendoim)
3 cebolinhas (tigela), em fatias grossas
2 fatias de raiz de gengibre picada
450 g de lulas cortadas em pedaços
15 ml / 1 colher de sopa de molho de soja
15 ml / 1 colher de sopa de vinho de arroz ou xerez seco
5 ml / 1 colher de chá de fubá (amido de milho)
15 ml / 1 colher de sopa de água

Aqueça o óleo e frite a cebolinha e o gengibre até ficarem macios. Adicione as lulas e frite até ficarem cobertas de óleo. Adicione o molho de soja e vinho ou xerez, tampe e cozinhe por 2 minutos. Misture o fubá com a água até obter uma consistência pastosa, coloque na panela e cozinhe em fogo baixo, mexendo, até o molho engrossar e as lulas ficarem macias.

Lula com cogumelos secos

para 4 pessoas

50 g de cogumelos chineses secos
450 g de anéis de lula
45 ml / 3 colheres de sopa de óleo de amendoim (amendoim)
45 ml / 3 colheres de sopa de molho de soja
2 cabeças de cebolas roxas (pote), finamente picadas
1 fatia de raiz de gengibre picada
225 g de brotos de bambu cortados em tiras
30 ml / 2 colheres de fubá (amido de milho)
150 ml / ¬° pt / generoso ¬Ω copo de caldo de peixe

Mergulhe os cogumelos em água morna por 30 minutos e depois escorra. Descarte os talos e corte as pontas. Cozinhe as lulas em água fervente por alguns segundos. Aqueça o azeite, junte os cogumelos, o molho de soja, a chalota e o gengibre e frite durante 2 minutos. Adicione as lulas e os brotos de bambu e frite por 2 minutos. Misture o cereal e a sopa e mexa na panela. Cozinhe em fogo baixo, mexendo, até o molho ficar claro e engrossar.

lula com legumes

para 4 pessoas

45 ml / 3 colheres de sopa de óleo de amendoim (amendoim)
1 fatia de cebola
5 ml / 1 colher de chá de sal
450 g de lulas cortadas em pedaços
100 g / 4 onças de brotos de bambu, fatiados
2 talos de aipo, cortados transversalmente
60 ml / 4 colheres de sopa de caldo de galinha
5 ml / 1 colher de chá de açúcar
100 g / 4 oz ervilhas de açúcar
5 ml / 1 colher de chá de fubá (amido de milho)
15 ml / 1 colher de sopa de água

Aqueça o óleo e frite a cebola e o sal até dourar levemente. Adicione a lula e frite em óleo até lavar. Adicione os brotos de bambu e o aipo e frite por 3 minutos. Adicione o caldo e o açúcar, deixe ferver, tampe e cozinhe por 3 minutos até que os legumes estejam macios. Adicione o repolho. Faça uma pasta de fubá e água, coloque em uma panela e cozinhe, mexendo, até o molho engrossar.

Carne cozida com anis

para 4 pessoas

30 ml / 2 colheres de sopa de óleo de amendoim

450 gr / 1 libra de lombo

1 dente de alho amassado

45 ml / 3 colheres de sopa de molho de soja

15 ml / 1 colher de sopa de água

15 ml / 1 colher de sopa de vinho de arroz ou xerez seco

5 ml / 1 colher de chá de sal

5 ml / 1 colher de chá de açúcar

2 cravos de anis

Aqueça o óleo e frite a carne até dourar de todos os lados. Adicione os outros ingredientes, deixe ferver, tampe e cozinhe por cerca de 45 minutos, depois vire a carne, adicione um pouco mais de água e molho de soja se a carne estiver seca. Cozinhe por mais 45 minutos até que a carne esteja macia. Descarte o anis estrelado antes de servir.

carne com espargos

para 4 pessoas

450 g / 1 libra de filé mignon picado
30 ml / 2 colheres de sopa de molho de soja
30 ml / 2 colheres de sopa de vinho de arroz ou xerez seco
45 ml / 3 colheres de sopa de fubá (amido de milho)
45 ml / 3 colheres de sopa de óleo de amendoim (amendoim)
5 ml / 1 colher de chá de sal
1 dente de alho amassado
350 g / 12 onças de espargos
120 ml / 4 fl oz / ¬Ω copo de caldo de galinha
15 ml / 1 colher de sopa de molho de soja

Coloque o bife em uma tigela. Misture o molho de soja, vinho ou xerez e 30ml/2 colheres de fubá, despeje sobre os filés e misture bem. Deixe marinar por 30 minutos. Aqueça o azeite com o sal e o alho e frite até dourar levemente o alho. Adicione a carne e a marinada e frite por 4 minutos. Adicione os aspargos e frite levemente por 2 minutos. Adicione o caldo e o molho de soja, deixe ferver e cozinhe, mexendo, por 3 minutos até que a carne esteja cozida. Misture o restante do fubá com um pouco mais de água ou caldo e misture ao molho. Cozinhe em fogo baixo por alguns minutos, mexendo, até o molho clarear e engrossar.

Carne com broto de bambu

para 4 pessoas

45 ml / 3 colheres de sopa de óleo de amendoim (amendoim)
1 dente de alho amassado
1 cebolinha (cebola), picada
1 fatia de raiz de gengibre picada
225g/8 onças de carne magra, cortada em tiras
100g / 4oz brotos de bambu
45 ml / 3 colheres de sopa de molho de soja
15 ml / 1 colher de sopa de vinho de arroz ou xerez seco
5 ml / 1 colher de chá de fubá (amido de milho)

Aqueça o óleo e frite o alho, a cebolinha e o gengibre até dourar. Adicione a carne e frite por 4 minutos até dourar levemente. Adicione os brotos de bambu e frite por 3 minutos. Adicione o molho de soja, vinho ou xerez e amido de milho e frite por 4 minutos.

Carne com brotos de bambu e cogumelos

para 4 pessoas

225 g/8 onças de carne magra

45 ml / 3 colheres de sopa de óleo de amendoim (amendoim)

1 fatia de raiz de gengibre picada

100 g / 4 onças de brotos de bambu, fatiados

100g / 4oz cogumelos, fatiados

45 ml / 3 colheres de sopa de vinho de arroz ou xerez seco

5 ml / 1 colher de chá de açúcar

10 ml / 2 colheres de chá de molho de soja

sal e pimenta

120 ml / 4 fl oz / ¬Ω copo de caldo

15 ml / 1 colher de fubá (amido de milho)

30 ml / 2 colheres de sopa de água

Corte a carne em fatias finas contra o grão. Aqueça o óleo e frite o gengibre por alguns segundos. Adicione a carne e frite até dourar. Adicione os brotos de bambu e os cogumelos e frite por 1 minuto. Adicione vinho ou xerez, açúcar e molho de soja e tempere com sal e pimenta. Adicione o caldo, deixe ferver, tampe e cozinhe por 3 minutos. Misture o fubá com a água, coloque em uma panela e cozinhe, mexendo, até o molho engrossar.

carne assada chinesa

para 4 pessoas

45 ml / 3 colheres de sopa de óleo de amendoim (amendoim)
900g/2lb de carne assada
1 cebolinha (cebola), fatiada
1 dente de alho picado
1 fatia de raiz de gengibre picada
60 ml / 4 colheres de sopa de molho de soja
30 ml / 2 colheres de sopa de vinho de arroz ou xerez seco
5 ml / 1 colher de chá de açúcar
5 ml / 1 colher de chá de sal
uma pitada de pimenta
750 ml / 1° ponto / 3 xícaras de água fervente

Aqueça o óleo e frite rapidamente a carne de todos os lados. Adicione a cebolinha, alho, gengibre, molho de soja, vinho ou xerez, açúcar, sal e pimenta. Ferva, misture. Adicione água fervente, deixe ferver novamente, mexa, tampe e cozinhe por cerca de 2 horas até que a carne esteja macia.

carne de broto de feijão

para 4 pessoas

450 g / 1 lb de carne magra, fatiada

1 clara de ovo

30 ml / 2 colheres de sopa de óleo de amendoim

15 ml / 1 colher de fubá (amido de milho)

15 ml / 1 colher de sopa de molho de soja

100 g de broto de feijão

25 g de chucrute picado

1 pimenta vermelha, ralada

2 cebolinhas (cebolas), raladas

2 fatias de raiz de gengibre, ralado

sal

5 ml / 1 colher de chá de molho de ostra

5 ml / 1 colher de chá de óleo de gergelim

Misture a carne com a clara de ovo, metade do óleo, o amido de milho e o molho de soja e deixe por 30 minutos. Escalde os brotos de feijão em água fervente por cerca de 8 minutos até ficarem macios e depois enxágue. Aqueça o óleo restante e frite a carne até dourar levemente, retire da panela. Adicione o chucrute, flocos de pimenta vermelha, gengibre, sal, molho de ostra e óleo de gergelim e frite por 2 minutos. Adicione os brotos de feijão e frite por 2 minutos. Retorne a carne para a panela e frite até ficar bem combinado e quente. Sirva agora.

bife de brócolis

para 4 pessoas

450 g / 1 libra de filé mignon, em fatias finas
30 ml / 2 colheres de fubá (amido de milho)
15 ml / 1 colher de sopa de vinho de arroz ou xerez seco
15 ml / 1 colher de sopa de molho de soja
30 ml / 2 colheres de sopa de óleo de amendoim
5 ml / 1 colher de chá de sal
1 dente de alho amassado
225g de brócolis
150 ml / ¬° pt / generoso ¬Ω copo de caldo

Coloque o bife em uma tigela. Misture 15 ml / 1 colher de fubá com vinho ou xerez e molho de soja, acrescente a carne e deixe marinar por 30 minutos. Aqueça o azeite com o sal e o alho e frite até dourar levemente o alho. Adicione o bife e a marinada e frite por 4 minutos. Adicione o brócolis e frite por 3 minutos. Adicione o caldo, deixe ferver, tampe e cozinhe por 5 minutos, até o brócolis ficar macio, mas ainda crocante. Misture os grãos de milho restantes com um pouco de água e misture ao molho. Cozinhe em fogo baixo, mexendo, até o molho ficar claro e espesso.

Carne com gergelim e brócolis

para 4 pessoas

150g/5oz de carne magra, em fatias finas
2,5 ml / ¬Ω colher de chá de molho de ostra
5 ml / 1 colher de chá de fubá (amido de milho)
5 ml / 1 colher de chá de vinagre de vinho branco
60 ml / 4 colheres de sopa de óleo de amendoim
100g de brócolis
5 ml / 1 colher de chá de molho de peixe
2,5 ml / ¬Ω colher de chá de molho de soja
250 ml / 8 fl oz / 1 xícara de caldo
30 ml / 2 colheres de sopa de gergelim

Deixe marinar a carne por 1 hora em molho de ostra, 2,5 ml/¬Ω colher de chá de farinha de milho, 2,5 ml/¬Ω colher de chá de vinagre de vinho e 15 ml/1 colher de chá de óleo vegetal.

Enquanto isso, aqueça 15 ml/1 colher de sopa de óleo, adicione brócolis, 2,5 ml/¬Ω colher de chá de molho de peixe, molho de soja e vinagre restante e cubra com água fervente. Cozinhe em fogo baixo por cerca de 10 minutos até ficar macio.

Em uma panela separada, aqueça 30 ml / 2 colheres de sopa de óleo e frite rapidamente a carne até dourar. Adicione o caldo, o restante do fubá e o molho de peixe, deixe ferver, tampe e cozinhe por cerca de 10 minutos até a carne ficar macia. Escorra o brócolis e coloque no fogão. Coloque a carne por cima e polvilhe generosamente com sementes de gergelim.

Carne assada

para 4 pessoas

450 g / 1 libra de bife magro, fatiado

60 ml / 4 colheres de sopa de molho de soja

2 dentes de alho, picados

5 ml / 1 colher de chá de sal

2,5 ml / ¬Ω colher de chá de pimenta moída na hora

10 ml / 2 colheres de chá de açúcar

Misture todos os ingredientes e deixe cozinhar em fogo brando por 3 horas. Frite ou frite (asse) em uma grelha aquecida por cerca de 5 minutos de cada lado.

carne cantonesa

para 4 pessoas

30 ml / 2 colheres de fubá (amido de milho)
2 claras de ovo batidas
450 g / 1 libra de carne bovina, cortada em tiras
óleo para fritar
4 talos de aipo cortados em rodelas
2 cebolas fatiadas
60 ml / 4 colheres de sopa de água
20 ml / 4 colheres de chá de sal
75 ml / 5 colheres de sopa de molho de soja
60 ml / 4 colheres de sopa de vinho de arroz ou xerez seco
30 ml / 2 colheres de sopa de açúcar
pimenta preta fresca

Misture metade do amido de milho com a clara em neve. Adicione o bife e mexa para cobrir a carne com a massa. Aqueça o óleo e frite o bife até dourar. Retire da tigela e escorra em papel de cozinha. Aqueça 15 ml / 1 colher de sopa de óleo e frite o aipo e a cebola por 3 minutos. Adicione a carne, água, sal, molho de soja, vinho ou xerez e açúcar e tempere com pimenta. Deixe ferver e cozinhe, mexendo, até o molho engrossar.

carne com cenoura

para 4 pessoas

30 ml / 2 colheres de sopa de óleo de amendoim
450g / 1lb de carne magra, picada
2 cebolinhas (cebolas), fatiadas
2 dentes de alho, picados
1 fatia de raiz de gengibre picada
250 ml / 8 fl oz / 1 xícara de molho de soja
30 ml / 2 colheres de sopa de vinho de arroz ou xerez seco
30 ml / 2 colheres de sopa de açúcar mascavo
5 ml / 1 colher de chá de sal
600 ml / 1 ponto / 2 xícaras Ω
4 cenouras cortadas na diagonal

Aqueça o óleo e frite a carne até dourar levemente. Escorra o excesso de óleo e acrescente a cebolinha, o alho, o gengibre e refogue o anis por 2 minutos. Adicione o molho de soja, vinho ou xerez, açúcar e sal e misture bem. Adicione a água, deixe ferver, tampe e cozinhe por 1 hora. Adicione as cenouras, tampe e cozinhe por mais 30 minutos. Retire a tampa e cozinhe até o molho reduzir.

com carne de caju

para 4 pessoas

60 ml / 4 colheres de sopa de óleo de amendoim
450 g / 1 libra de filé mignon, em fatias finas
8 cebolinhas (cebolas verdes), cortadas em pedaços
2 dentes de alho, picados
1 fatia de raiz de gengibre picada
75 g / 3 oz / ¬œ xícara de castanha de caju torrada
120 ml / 4 fl oz / ¬Ω copo de água
20 ml / 4 colheres de chá de fubá (amido de milho)
20 ml / 4 colheres de chá de molho de soja
5 ml / 1 colher de chá de óleo de gergelim
5 ml / 1 colher de chá de molho de ostra
5 ml / 1 colher de chá de molho picante

Aqueça metade do óleo e frite a carne até dourar levemente. Retire da geladeira. Aqueça o óleo restante e frite a cebolinha, o alho, o gengibre e as castanhas de caju por 1 minuto. Volte a carne para a panela. Mexa o restante e mexa a mistura na panela. Leve ao fogo e cozinhe, mexendo, até a mistura engrossar.

Caçarola de carne para cozimento lento

para 4 pessoas

30 ml / 2 colheres de sopa de óleo de amendoim
450 g / 1 lb de carne cozida, picada
3 fatias de raiz de gengibre picada
3 cenouras fatiadas
1 beterraba cortada em cubinhos
15 ml/1 colher de sopa de tâmaras pretas sem caroço
15 ml / 1 colher de sopa de sementes de lótus
30 ml / 2 colheres de sopa de pasta de tomate (pasta de tomate)
10 ml / 2 colheres de sopa de sal
900 ml / 1¬Ω pontos / 3¬œ copos de caldo
250 ml / 1 xícara de vinho de arroz ou xerez seco

Aqueça o óleo em uma frigideira grande ou frigideira antiaderente e frite a carne até dourar de todos os lados.

carne com couve-flor

para 4 pessoas

225 g de flores de couve-flor

óleo para fritar

225 g de vitela, cortada em tiras

50 g de broto de bambu cortado em tiras

10 castanhas d'água cortadas em tiras

120 ml / 4 fl oz / ½ copo de caldo de galinha

15 ml / 1 colher de sopa de molho de soja

15 ml / 1 colher de sopa de molho de ostra

15 ml / 1 colher de sopa de pasta de tomate (pasta de tomate)

15 ml / 1 colher de fubá (amido de milho)

2,5 ml / ½ colher de chá de óleo de gergelim

Ferva a couve-flor em água fervente por 2 minutos e escorra. Aqueça o óleo e frite a couve-flor até dourar levemente. Retire para papel de cozinha e escorra. Reaqueça o óleo e frite a carne até dourar levemente, retire e escorra. Despeje tudo menos 15 ml/1 colher de chá no óleo e frite os brotos de bambu e as castanhas por 2 minutos. Adicione o restante, deixe ferver e cozinhe, mexendo, até o molho engrossar. Retorne a carne e a couve-flor para a panela e aqueça um pouco. Sirva agora.

carne com aipo

para 4 pessoas

100 g de aipo cortado em tiras

45 ml / 3 colheres de sopa de óleo de amendoim (amendoim)

2 cebolinhas (cebolas), picadas
1 fatia de raiz de gengibre picada
225g/8 onças de carne magra, cortada em tiras
30 ml / 2 colheres de sopa de molho de soja
30 ml / 2 colheres de sopa de vinho de arroz ou xerez seco
2,5 ml / ¬Ω colher de chá de açúcar
2,5 ml / ¬Ω colher de chá de sal

Escalde o aipo em água fervente por 1 minuto e depois enxágue bem. Aqueça o óleo e frite a cebola e o gengibre até dourar levemente. Adicione a carne e frite por 4 minutos. Adicione o aipo e frite por 2 minutos. Adicione o molho de soja, vinho ou xerez, açúcar e sal e frite por 3 minutos.

fatias de carne frita com aipo

para 4 pessoas
30 ml / 2 colheres de sopa de óleo de amendoim
450 g / 1 lb de carne magra, fatiada
3 talos de aipo picados
1 cebola, ralada
1 cebolinha (cebola), fatiada

1 fatia de raiz de gengibre picada
30 ml / 2 colheres de sopa de molho de soja
15 ml / 1 colher de sopa de vinho de arroz ou xerez seco
2,5 ml / ½ colher de chá de açúcar
2,5 ml / ½ colher de chá de sal
10 ml / 2 colheres de chá de fubá (amido de milho)
30 ml / 2 colheres de sopa de água

Aqueça metade do óleo até ficar bem quente e frite a carne por 1 minuto até dourar. Retire da geladeira. Aqueça o óleo restante e frite o aipo, a cebola, a cebolinha e o gengibre até ficarem macios. Volte a carne para a panela com o molho de soja, o vinho ou xerez, o açúcar e o sal, leve ao fogo e frite até esquentar completamente. Misture o fubá com a água na panela e cozinhe até o molho engrossar. Sirva agora.

Carne desfiada com frango e aipo

para 4 pessoas

4 cogumelos chineses secos
45 ml / 3 colheres de sopa de óleo de amendoim (amendoim)
2 dentes de alho, picados
1 raiz de gengibre, fatiada, picada
5 ml / 1 colher de chá de sal
100g/4oz de carne magra, cortada em tiras

100 g / 4 onças de frango, cortado em tiras
2 cenouras, cortadas em tiras
2 talos de aipo cortados em tiras
4 cebolinhas (cebola verde), cortadas em tiras
5 ml / 1 colher de chá de açúcar
5 ml / 1 colher de chá de molho de soja
5 ml / 1 colher de chá de vinho de arroz ou xerez seco
45 ml / 3 colheres de sopa de água
5 ml / 1 colher de chá de fubá (amido de milho)

Mergulhe os cogumelos em água morna por 30 minutos e depois escorra. Descarte os talos e pique os topos. Aqueça o óleo e frite o alho, o gengibre e o sal até dourar levemente. Adicione a carne e o frango e frite até dourar. Adicione o aipo, cebolinha, açúcar, molho de soja, vinho ou xerez e água e leve para ferver. Cubra e cozinhe por cerca de 15 minutos até que a carne esteja macia. Misture o fubá com um pouco de água, misture com o molho e cozinhe, mexendo, até o molho engrossar.

Carne com pimenta

para 4 pessoas

450 g/1 libra de filé mignon, cortado em tiras
45 ml / 3 colheres de sopa de molho de soja
15 ml / 1 colher de sopa de vinho de arroz ou xerez seco
15 ml / 1 colher de sopa de açúcar mascavo
15 ml / 1 colher de sopa de raiz de gengibre finamente picada
30 ml / 2 colheres de sopa de óleo de amendoim
50 g de broto de bambu cortado em palitos
1 cebola cortada em tiras
1 talo de aipo cortado em palitos
2 pimentões vermelhos, sem sementes e cortados em tiras
120 ml / 4 fl oz / ¬Ω copo de caldo de galinha
15 ml / 1 colher de fubá (amido de milho)

Coloque o bife em uma tigela. Misture o molho de soja, vinho ou xerez, açúcar e gengibre e misture no bife. Deixe marinar por 1 hora. Retire os bifes da marinada. Aqueça metade do óleo e frite o broto de bambu, a cebola, o aipo e a pimenta por 3 minutos e retire da panela. Aqueça o óleo restante e frite os schnitzels por 3 minutos. Adicione a marinada, deixe ferver e adicione os legumes cozidos. Cozinhe por 2 minutos em fogo baixo, mexendo. Misture a sopa e o fubá e acrescente à panela. Deixe ferver e cozinhe, mexendo, até o molho clarear e engrossar.

Carne com bok choy

para 4 pessoas

225 g/8 onças de carne magra
30 ml / 2 colheres de sopa de óleo de amendoim
350 g de bok choy picado
120 ml / 4 fl oz / ¬Ω copo de caldo
sal e pimenta-do-reino moída na hora
10 ml / 2 colheres de chá de fubá (amido de milho)
30 ml / 2 colheres de sopa de água

Corte a carne em fatias finas contra o grão. Aqueça o óleo e frite a carne até dourar. Adicione o bok choy e refogue até ficar levemente macio. Adicione o caldo, deixe ferver e tempere com sal e pimenta. Cubra e cozinhe por 4 minutos até que a carne esteja macia. Misture o fubá com a água, coloque em uma panela e cozinhe, mexendo, até o molho engrossar.

Dana Suey

para 4 pessoas

3 talos de aipo cortados em rodelas

100 g de broto de feijão

100g de brócolis

60 ml / 4 colheres de sopa de óleo de amendoim

3 cebolinhas (cebolas), picadas

2 dentes de alho, picados

1 fatia de raiz de gengibre picada

225g/8 onças de carne magra, cortada em tiras

45 ml / 3 colheres de sopa de molho de soja

15 ml / 1 colher de sopa de vinho de arroz ou xerez seco

5 ml / 1 colher de chá de sal

2,5 ml / ¬Ω colher de chá de açúcar

pimenta preta fresca

15 ml / 1 colher de fubá (amido de milho)

Lave os brotos de aipo, feijão e brócolis em água fervente por 2 minutos, depois enxágue e seque. Aqueça 45 ml / 3 colheres de sopa de óleo e frite a cebolinha, o alho e o gengibre até dourar. Adicione a carne e frite por 4 minutos. Retire da geladeira. Aqueça o óleo restante e frite os legumes por 3 minutos. Adicione a carne, o molho de soja, o vinho ou xerez, o sal, o açúcar e um pouco de pimenta-do-reino e frite por 2 minutos. Misture o fubá com um pouco de água na panela e cozinhe, mexendo, até o molho clarear e engrossar.

carne com pepino

para 4 pessoas

450 g / 1 libra de filé mignon, em fatias finas
45 ml / 3 colheres de sopa de molho de soja
30 ml / 2 colheres de fubá (amido de milho)
60 ml / 4 colheres de sopa de óleo de amendoim
2 pepinos, descascados, sem sementes e fatiados
60 ml / 4 colheres de sopa de caldo de galinha
30 ml / 2 colheres de sopa de vinho de arroz ou xerez seco
sal e pimenta-do-reino moída na hora

Coloque o bife em uma tigela. Misture o molho de soja e o fubá e acrescente o bife. Deixe marinar por 30 minutos. Aqueça metade do óleo e frite os pepinos por 3 minutos até que fiquem transparentes, depois retire da panela. Aqueça o restante do óleo e frite o bife até dourar. Adicione os pepinos e frite por 2 minutos. Adicione o caldo, vinho ou xerez e tempere com sal e pimenta. Deixe ferver, tampe e cozinhe por 3 minutos.

Beef Chow Mein

para 4 pessoas

750 g / 1 ¬Ω lb filé mignon

2 cebolas

45 ml / 3 colheres de sopa de molho de soja

45 ml / 3 colheres de sopa de vinho de arroz ou xerez seco

15 ml / 1 colher de sopa de manteiga de amendoim

5 ml / 1 colher de chá de suco de limão

350 g de macarrão de ovo

60 ml / 4 colheres de sopa de óleo de amendoim

175 ml / 6 fl oz / ¬œ xícara de caldo de galinha

15 ml / 1 colher de fubá (amido de milho)

30 ml / 2 colheres de sopa de molho de ostra

4 cebolinhas (cebolas), picadas

3 talos de aipo cortados em rodelas

100g / 4oz cogumelos, fatiados

1 pimentão verde cortado em tiras

100 g de broto de feijão

Apare e descarte a gordura da carne. Corte transversalmente em fatias finas. Corte a cebola em rodelas e separe as camadas. Misture 15 ml / 1 colher de sopa de molho de soja com 15 ml / 1 colher de sopa de vinho ou xerez, manteiga de amendoim e suco de limão. Adicione a carne, tampe e deixe descansar por 1 hora. Cozinhe o macarrão em água fervente por cerca de 5 minutos ou até ficar macio. Seca bem. Aqueça 15 ml / 1 colher de sopa de óleo, adicione 15 ml / 1 colher de sopa de molho de soja e macarrão e frite por 2 minutos até dourar. Transfira para um prato quente.

Misture o molho de soja restante e vinho ou xerez com caldo, farinha de milho e molho de ostra. Aqueça 15 ml / 1 colher de sopa de óleo e frite a cebola por 1 minuto. Adicione o aipo, cogumelos, pimentas e brotos de feijão e frite por 2 minutos. Retire do wok. Aqueça o óleo restante e frite a carne até dourar. Adicione a mistura de sopa, deixe ferver, tampe e cozinhe por 3 minutos. Retorne os legumes à wok e cozinhe, mexendo, até aquecer completamente, cerca de 4 minutos. Despeje a mistura sobre o macarrão e sirva.

filé de pepino

para 4 pessoas

450 g / 1 quilo de filé mignon
10 ml / 2 colheres de chá de fubá (amido de milho)
10 ml / 2 colheres de chá de sal
2,5 ml / ½ colher de chá de pimenta moída na hora
90 ml / 6 colheres de sopa de óleo de amendoim (amendoim).
1 cebola finamente picada
1 pepino, descascado e fatiado
120 ml / 4 fl oz / ½ copo de caldo

Corte o filé em tiras e depois em fatias finas contra as veias. Pegue uma tigela e adicione amido de milho, sal, pimenta e metade do óleo. Deixe marinar por 30 minutos. Aqueça o óleo restante e frite a carne e a cebola até dourar levemente. Adicione os pepinos e a água, deixe ferver, tampe e cozinhe por 5 minutos.

caril de carne assada

para 4 pessoas

45 ml / 3 colheres de sopa de manteiga

15 ml / 1 colher de sopa de caril em pó

45 ml / 3 colheres de sopa de farinha de trigo (para todos os fins)

375 ml / 13 fl oz / 1 Ω copo de leite

15 ml / 1 colher de sopa de molho de soja

sal e pimenta-do-reino moída na hora

450g de carne bovina cozida, moída

100 g / 4 onças ervilhas

2 cenouras picadas

2 cebolas picadas

225 g de arroz de grão longo, cozido, quente

1 ovo cozido (cozido), fatiado

Derreta a manteiga, acrescente o curry e a farinha e cozinhe por 1 minuto. Adicione o leite e o molho de soja, deixe ferver e cozinhe, mexendo, por 2 minutos. Adicione sal e pimenta. Adicione a carne, as ervilhas, as cenouras e as cebolas e misture bem com o molho. Adicione o arroz, transfira a mistura para uma assadeira e leve ao forno pré-aquecido a 200°C / 400°F / gás marca 6 por 20 minutos até que os legumes estejam macios. Sirva decorado com fatias de ovo cozido.

Omelete de presunto e castanha

2 porções

30 ml / 2 colheres de sopa de óleo de amendoim
1 cebola picada
1 dente de alho amassado
50 g de presunto picado
50 g/2 onças de castanhas de água, picadas
15 ml / 1 colher de sopa de molho de soja
50g/2 onças de queijo cheddar
3 ovos mexidos

Aqueça metade do óleo e frite a cebola, o alho, o presunto, a castanha d'água e o molho de soja até dourar. Retire-os da panela. Aquecer o restante azeite, juntar os ovos e colocar o ovo no centro de forma a que deslize por baixo do ovo cru quando este começar a endurecer. Quando o ovo estiver pronto, a mistura de presunto é despejada em metade da tortilha, o queijo é colocado sobre ela e a outra metade da tortilha é misturada. Cubra e cozinhe por 2 minutos, depois vire e cozinhe por mais 2 minutos até dourar.

omelete de lagosta

para 4 pessoas

4 ovos
sal e pimenta-do-reino moída na hora
30 ml / 2 colheres de sopa de óleo de amendoim
3 cebolinhas (cebolas), picadas
100 g / 4 onças de carne de lagosta, picada

Bata levemente os ovos e acrescente sal e pimenta. Aqueça o óleo e frite as cebolinhas por 1 minuto. Adicione a lagosta e misture até ficar revestida com óleo. Despeje os ovos na panela e incline a panela para que o ovo cubra a superfície. Levante as laterais da tortilla ao inserir os ovos para que o ovo cru deslize para baixo. Cozinhe até terminar, depois corte ao meio e sirva imediatamente.

omelete de ostra

para 4 pessoas

4 ovos
120 ml / 4 fl oz / ½ xícara de leite
12 ostras concha
3 cebolinhas (cebolas), picadas
sal e pimenta-do-reino moída na hora
30 ml / 2 colheres de sopa de óleo de amendoim
50 g de carne de porco magra, picada
50 g de cogumelos fatiados
50 g de broto de bambu cortado em rodelas

Bata levemente os ovos com o leite, as ostras, a cebolinha, o sal e a pimenta. Aqueça o óleo e frite a carne de porco até dourar levemente. Adicione os cogumelos e brotos de bambu e frite por 2 minutos. Despeje a mistura de ovos na panela e cozinhe levantando as bordas da omelete enquanto os ovos são colocados para que o ovo cru possa escorrer. Cozinhe até terminar, dobre ao meio, vire a tortilha e cozinhe o outro lado até dourar levemente. Sirva agora.

omelete de camarão

para 4 pessoas

4 ovos
15 ml / 1 colher de sopa de vinho de arroz ou xerez seco
sal e pimenta-do-reino moída na hora
30 ml / 2 colheres de sopa de óleo de amendoim
1 fatia de raiz de gengibre picada
225 g de camarão descascado

Bata ligeiramente os ovos com o vinho ou xerez e tempere com sal e pimenta. Aqueça o óleo e frite o gengibre até dourar. Adicione o camarão e mexa até ficar coberto com óleo. Despeje os ovos na panela e incline a panela para que o ovo cubra a superfície. Levante as laterais da tortilla ao inserir os ovos para que o ovo cru deslize para baixo. Cozinhe até terminar, depois corte ao meio e sirva imediatamente.

omelete recortada

para 4 pessoas

4 ovos
5 ml / 1 colher de chá de molho de soja
sal e pimenta-do-reino moída na hora
30 ml / 2 colheres de sopa de óleo de amendoim
3 cebolinhas (cebolas), picadas
225 g de vieiras, cortadas ao meio

Bata ligeiramente os ovos com o molho de soja e tempere com sal e pimenta. Aqueça o óleo e frite a cebolinha até dourar. Adicione as vieiras e frite por 3 minutos. Despeje os ovos na panela e incline a panela para que o ovo cubra a superfície. Levante as laterais da tortilla ao inserir os ovos para que o ovo cru deslize para baixo. Cozinhe até terminar, depois corte ao meio e sirva imediatamente.

Bolo de ovo com tofu

para 4 pessoas

4 ovos

sal e pimenta-do-reino moída na hora

30 ml / 2 colheres de sopa de óleo de amendoim

225 g/8 onças de tofu, picado

Bata levemente os ovos e acrescente sal e pimenta. Aqueça o óleo, acrescente o tofu e frite até dourar. Despeje os ovos na panela e incline a panela para que o ovo cubra a superfície. Levante as laterais da tortilla enquanto coloca os ovos sob o ovo cru. Cozinhe até terminar, depois corte ao meio e sirva imediatamente.

Tortilla de porco recheada

para 4 pessoas

50 g de broto de feijão

60 ml / 4 colheres de sopa de óleo de amendoim

225g/8 onças de carne de porco magra, picada

3 cebolinhas (cebolas), picadas

1 talo de aipo picado

15 ml / 1 colher de sopa de molho de soja

5 ml / 1 colher de chá de açúcar

4 ovos levemente batidos

sal

Após ferver o broto de feijão em água fervente por 3 minutos, escorra bem. Aqueça metade do óleo e frite a carne de porco até dourar levemente. Adicione a cebolinha e o aipo e frite por 1 minuto. Adicione o molho de soja e o açúcar e frite por 2 minutos. Retire da geladeira. Salgue os ovos batidos. Aqueça o óleo restante e despeje os ovos na panela, inclinando a panela para que o ovo cubra a superfície. Levante as laterais da tortilla ao inserir os ovos para que o ovo cru deslize para baixo. Coloque o recheio no centro da tortilha e dobre ao meio. Cozinhe até terminar e sirva.

tortilha recheada de camarão

para 4 pessoas

30 ml / 2 colheres de sopa de óleo de amendoim
2 talos de aipo picados
2 cebolinhas (cebolas), picadas
225 g de camarão descascado, cortado ao meio
4 ovos levemente batidos
sal

Aqueça metade do óleo e frite o aipo e a cebola até dourar levemente. Junte os camarões e frite até ficarem bem quentes. Retire da geladeira. Salgue os ovos batidos. Aqueça o óleo restante e despeje os ovos na panela, inclinando a panela para que o ovo cubra a superfície. Levante as laterais da tortilla ao inserir os ovos para que o ovo cru deslize para baixo. Coloque o recheio no centro da tortilha e dobre ao meio. Cozinhe até terminar e sirva.

Tortilhas recheadas com frango cozido no vapor

para 4 pessoas
4 ovos levemente batidos
sal
15 ml / 1 colher de sopa de óleo de amendoim
100g/4 onças de frango cozido, picado
2 fatias de raiz de gengibre picada
1 cebola picada
120 ml / 4 fl oz / ½ xícara de caldo de galinha
15 ml / 1 colher de sopa de vinho de arroz ou xerez seco

Bata os ovos e acrescente o sal. Aqueça um pouco de óleo e despeje um quarto dos ovos, em seguida, despeje a mistura na panela. Frite até dourar levemente de um lado e deixe descansar, depois inverta em um prato. Cozinhe as 4 tortilhas restantes. Junte o frango, o gengibre e a cebola. Espalhe a mistura uniformemente entre as tortilhas, enrole, prenda com palitos de coquetel e coloque os rolinhos em uma assadeira rasa. Coloque em uma gradinha em uma panela a vapor, tampe e cozinhe no vapor por 15 minutos. Transfira para um prato quente e corte em fatias mais grossas. Enquanto isso, aqueça a água e o xerez e acerte o sal. Despeje sobre as tortilhas e sirva.

panquecas de ostra

Para 4 a 6 porções

12 ostras
4 ovos levemente batidos
3 cebolinhas, fatiadas
sal e pimenta-do-reino moída na hora
6 ml / 4 colheres de sopa de farinha de trigo
2,5 ml / ½ colher de chá de bicarbonato de sódio
45 ml / 3 colheres de sopa de óleo de amendoim (amendoim)

Descasque as ostras, reserve 60 ml / 4 colheres de sopa de licor e pique grosseiramente. Misture os ovos com ostras, cebolinha, sal e pimenta. Misture a farinha e o fermento, misture até obter uma massa com as ostras, depois misture a mistura nos ovos. Aqueça o óleo e frite a massa com uma colher para fazer pequenas panquecas. Frite até dourar levemente dos dois lados, coloque um pouco mais de óleo na panela e continue até esgotar toda a mistura.

panquecas de camarão

para 4 pessoas

50 g de camarão descascado, picado
4 ovos levemente batidos
75 g / 3 onças / ½ xícara de farinha de trigo integral
sal e pimenta-do-reino moída na hora
120 ml / 4 fl oz / ½ xícara de caldo de galinha
2 cebolinhas (cebolas), picadas
30 ml / 2 colheres de sopa de óleo de amendoim

Misture todos os ingredientes menos o óleo. Aqueça um pouco de óleo, despeje um quarto da massa, incline a panela para que se espalhe no fundo. Cozinhe até que o fundo esteja levemente dourado, depois vire e cozinhe o outro lado. Retire da panela e continue cozinhando as panquecas restantes.

ovos mexidos chineses

para 4 pessoas

4 ovos mexidos

2 cebolinhas (cebolas), picadas

uma pitada de sal

5 ml / 1 colher de chá de molho de soja (opcional)

30 ml / 2 colheres de sopa de óleo de amendoim

Bata os ovos com a cebolinha, sal e molho de soja, se estiver usando. Aqueça o óleo e despeje na mistura de ovos. Mexa delicadamente com um garfo até os ovos ficarem firmes. Sirva agora.

Ovos mexidos com peixe

para 4 pessoas
225 g de filé de peixe
30 ml / 2 colheres de sopa de óleo de amendoim
1 fatia de raiz de gengibre picada
2 cebolinhas (cebolas), picadas
4 ovos levemente batidos
sal e pimenta-do-reino moída na hora

Coloque o peixe em uma tigela refratária e coloque na grelha do vaporizador. Cubra e cozinhe no vapor por cerca de 20 minutos, depois retire a pele e amasse a carne. Aqueça o óleo e frite o gengibre e a cebolinha até dourar levemente. Adicione o peixe e misture até ficar coberto com óleo. Tempere os ovos a gosto com sal e pimenta, despeje na frigideira e mexa delicadamente com um garfo até os ovos ficarem firmes. Sirva agora.

Ovos mexidos com cogumelos

para 4 pessoas

30 ml / 2 colheres de sopa de óleo de amendoim

4 ovos mexidos

3 cebolinhas (cebolas), picadas

uma pitada de sal

5 ml / 1 colher de chá de molho de soja

100g / 4oz cogumelos, picados grosseiramente

Aqueça metade do óleo e frite os cogumelos por alguns minutos até ficarem bem quentes, depois retire da panela. Bata os ovos com a cebolinha, o sal e o molho de soja. Aqueça o restante do óleo e despeje na mistura de ovos. Mexa delicadamente com um garfo até os ovos ficarem firmes, depois volte os cogumelos para a panela e cozinhe até os ovos ficarem firmes. Sirva agora.

Ovos mexidos com molho de ostra

para 4 pessoas

4 ovos mexidos
3 cebolinhas (cebolas), picadas
sal e pimenta-do-reino moída na hora
5 ml / 1 colher de chá de molho de soja
30 ml / 2 colheres de sopa de óleo de amendoim
15 ml / 1 colher de sopa de molho de ostra
100 g de presunto cozido esfarelado
2 raminhos de salsa plana

Bata os ovos com a cebolinha, o sal, a pimenta e o molho de soja. Adicione metade do óleo. Aqueça o restante do óleo e despeje na mistura de ovos. Mexa delicadamente com um garfo até os ovos ficarem firmes, depois acrescente o molho de ostra e cozinhe até os ovos ficarem firmes. Sirva decorado com presunto e salsa.

Ovos mexidos com carne de porco

para 4 pessoas

225g de carne de porco magra, cortada em fatias
30 ml / 2 colheres de sopa de molho de soja
30 ml / 2 colheres de sopa de óleo de amendoim
2 cebolinhas (cebolas), picadas
4 ovos mexidos
uma pitada de sal
5 ml / 1 colher de chá de molho de soja

Misture a carne de porco e o molho de soja para que a carne de porco fique bem revestida. Aqueça o óleo e frite a carne de porco até dourar levemente. Adicione a cebola e frite por 1 minuto. Bata os ovos com a cebolinha, sal e molho de soja e despeje a mistura de ovos na panela. Mexa delicadamente com um garfo até os ovos ficarem firmes. Sirva agora.

Omelete com carne de porco e camarão

para 4 pessoas

100 gr de carne de porco moída
225 g de camarão descascado
2 cebolinhas (cebolas), picadas
1 fatia de raiz de gengibre picada
5 ml / 1 colher de chá de fubá (amido de milho)
15 ml / 1 colher de sopa de vinho de arroz ou xerez seco
15 ml / 1 colher de sopa de molho de soja
sal e pimenta-do-reino moída na hora
45 ml / 3 colheres de sopa de óleo de amendoim (amendoim)
4 ovos levemente batidos

Misture a carne de porco, camarão, cebola, gengibre, amido de milho, vinho ou xerez, molho de soja, sal e pimenta. Aqueça o óleo e frite a mistura de carne de porco até dourar. Despeje os ovos e misture delicadamente com um garfo até que os ovos estejam firmes. Sirva agora.

Ovos mexidos com espinafre

para 4 pessoas

45 ml / 3 colheres de sopa de óleo de amendoim (amendoim)

225 g / 8 onças de espinafre

4 ovos mexidos

2 cebolinhas (cebolas), picadas

uma pitada de sal

Aqueça metade do óleo e frite o espinafre por alguns minutos até ficar verde brilhante, mas não murcho. Retire da tigela e pique finamente. Bata os ovos com a cebolinha, sal e molho de soja, se estiver usando. Adicione o espinafre. Aqueça o óleo e despeje na mistura de ovos. Mexa delicadamente com um garfo até os ovos ficarem firmes. Sirva agora.

Ovos mexidos com cebolinha

para 4 pessoas

4 ovos mexidos
8 cebolinhas (cebolas), picadas
sal e pimenta-do-reino moída na hora
5 ml / 1 colher de chá de molho de soja
30 ml / 2 colheres de sopa de óleo de amendoim

Bata os ovos com a cebolinha, o sal, a pimenta e o molho de soja. Aqueça o óleo e despeje na mistura de ovos. Mexa delicadamente com um garfo até os ovos ficarem firmes. Sirva agora.

Ovos mexidos com tomate

para 4 pessoas

4 ovos mexidos
2 cebolinhas (cebolas), picadas
uma pitada de sal
30 ml / 2 colheres de sopa de óleo de amendoim
3 tomates, descascados e picados

Bata os ovos com a cebolinha e o sal. Aqueça o óleo e despeje na mistura de ovos. Mexa delicadamente até os ovos ficarem firmes, acrescente os tomates e continue cozinhando, mexendo, até firmar. Sirva agora.

Ovos mexidos com legumes

para 4 pessoas

30 ml / 2 colheres de sopa de óleo de amendoim

5 ml / 1 colher de chá de óleo de gergelim

1 pimentão verde, picado

1 dente de alho picado

100g/4oz de açúcar em pó, cortado ao meio

4 ovos mexidos

2 cebolinhas (cebolas), picadas

uma pitada de sal

5 ml / 1 colher de chá de molho de soja

Aqueça metade do óleo de amendoim com óleo de gergelim e frite o pimentão e o alho até dourar. Junte as ervilhas com o açúcar e frite por 1 minuto. Bata os ovos com a cebolinha, sal e molho de soja e despeje a mistura na panela. Mexa delicadamente com um garfo até os ovos ficarem firmes. Sirva agora.

suflê de frango

para 4 pessoas

100g/4oz peito de frango moído

(eu normalmente)

45 ml / 3 colheres de sopa de caldo de galinha

2,5 ml / ½ colher de chá de sal

4 claras de ovo

75 ml / 5 colheres de sopa de óleo de amendoim (amendoim).

Misture bem o frango, o caldo e o sal. Bata as claras em neve e acrescente à mistura. Aqueça o azeite até começar a fumegar, acrescente a mistura e mexa bem, depois reduza o fogo e continue cozinhando, mexendo delicadamente, até a mistura engrossar.

suflê de caranguejo

para 4 pessoas

100 g de carne de caranguejo em cubos

sal

15 ml / 1 colher de fubá (amido de milho)

120 ml / 4 fl oz / ½ xícara de leite

4 claras de ovo

75 ml / 5 colheres de sopa de óleo de amendoim (amendoim).

Misture a carne de siri, sal, amido de milho e misture bem. Bata as claras até ficarem firmes e acrescente à mistura. Aqueça o azeite até começar a fumegar, acrescente a mistura e mexa bem, depois reduza o fogo e continue cozinhando, mexendo delicadamente, até a mistura engrossar.

Suflê de caranguejo e gengibre

para 4 pessoas

75 ml / 5 colheres de sopa de óleo de amendoim (amendoim).
2 fatias de raiz de gengibre picada
1 cebolinha (cebola), picada
100 g de carne de caranguejo em cubos
sal
15 ml / 1 colher de sopa de vinho de arroz ou xerez seco
120ml/4ft oz/k copo de leite
60 ml / 4 colheres de sopa de caldo de galinha
15 ml / 2 colheres de fubá (amido de milho)
4 claras de ovo
5 ml / 1 colher de chá de óleo de gergelim

Aqueça metade do óleo e frite o gengibre e a cebola até ficarem macios. Adicione a carne de siri e o sal, retire do fogo e deixe esfriar um pouco. Misture o vinho ou xerez, leite, caldo e farinha de milho e, em seguida, misture a mistura de caranguejo. Bata as claras até ficarem firmes e acrescente à mistura. Aqueça o restante do azeite até sair fumaça, acrescente a mistura e misture bem, depois reduza o fogo e continue cozinhando, mexendo delicadamente, até a mistura engrossar.

suflê de peixe

para 4 pessoas

3 ovos separados
5 ml / 1 colher de chá de molho de soja
5 ml / 1 colher de chá de açúcar
sal e pimenta-do-reino moída na hora
450 g / 1 libra de filé de peixe
45 ml / 3 colheres de sopa de óleo de amendoim (amendoim)

Misture as gemas com molho de soja, açúcar, sal e pimenta. Corte o peixe em pedaços grandes. Mergulhe o peixe na mistura até ficar bem coberto. Aqueça o óleo e frite o peixe até dourar por baixo. Bata as claras até formar picos firmes. Vire o peixe e coloque a clara do ovo sobre o peixe. Asse por 2 minutos até que o fundo esteja levemente dourado, depois vire e cozinhe por mais 1 minuto, até que as claras fiquem douradas. Sirva com molho de tomate.

suflê de camarão

para 4 pessoas

225 g de camarão descascado, picado
1 fatia de raiz de gengibre picada
15 ml / 1 colher de sopa de vinho de arroz ou xerez seco
15 ml / 1 colher de sopa de molho de soja
sal e pimenta-do-reino moída na hora
4 claras de ovo
45 ml / 3 colheres de sopa de óleo de amendoim (amendoim)

Adicione o camarão, gengibre, vinho ou xerez, molho de soja, sal e pimenta. Bata as claras até ficarem firmes e acrescente à mistura. Aqueça o azeite até começar a fumegar, acrescente a mistura e mexa bem, depois reduza o fogo e continue cozinhando, mexendo delicadamente, até a mistura engrossar.

Suflê de camarão com broto de feijão

para 4 pessoas

100 g de broto de feijão
100 g de camarão descascado, picado grosseiramente
2 cebolinhas (cebolas), picadas
5 ml / 1 colher de chá de fubá (amido de milho)
15 ml / 1 colher de sopa de vinho de arroz ou xerez seco
120 ml / 4 fl oz / ½ xícara de caldo de galinha
sal
4 claras de ovo
45 ml / 3 colheres de sopa de óleo de amendoim (amendoim)

Escalde os brotos de feijão em água fervente por 2 minutos, depois escorra e mantenha aquecido. Enquanto isso, misture o camarão, cebola, amido de milho, vinho ou xerez e reserve e adicione sal. Bata as claras até ficarem firmes e acrescente à mistura. Aqueça o azeite até começar a fumegar, acrescente a mistura e mexa bem, depois reduza o fogo e continue cozinhando, mexendo delicadamente, até a mistura engrossar. Coloque na chapa quente e cubra com brotos de feijão.

suflê de legumes

para 4 pessoas

5 ovos separados

3 batatas raladas

1 cebola pequena bem picada

15 ml / 1 colher de sopa de salsa fresca picada

5 ml / 1 colher de chá de molho de soja

sal e pimenta-do-reino moída na hora

Bata as claras até formar picos firmes. Bata as gemas até ficarem brancas e espessas, depois acrescente as batatas, a cebola, a salsinha e o molho de soja e misture bem.

Adicione a clara de ovo em neve. Despeje em uma forma de suflê untada e leve ao forno pré-aquecido a 180°C/350°F/gás 4 por aproximadamente 40 minutos.

Ovo Foo Yung

para 4 pessoas

4 ovos levemente batidos

sal

100g/4 onças de frango cozido, picado

1 cebola picada

2 talos de aipo picados

50 g / 2 onças de cogumelos picados

30 ml / 2 colheres de sopa de óleo de amendoim

molho de ovo foo yung

Misture os ovos, sal, frango, cebola, aipo e cogumelos. Aqueça um pouco de óleo e despeje um quarto da mistura na panela. Frite até que o fundo esteja levemente dourado, depois vire e frite o outro lado. Sirva com molho de ovo foo yung.

Ovo Frito Foo Yung

para 4 pessoas

4 ovos levemente batidos
5 ml / 1 colher de chá de sal
100 g de presunto defumado picado
100 g de cogumelos picados
15 ml / 1 colher de sopa de molho de soja
óleo para fritar

Misture os ovos com sal, presunto, cogumelos e molho de soja. Aqueça o óleo e despeje cuidadosamente colheradas da mistura. Cozinhe até crescer, virando até dourar dos dois lados. Enquanto as panquecas restantes cozinham, retire do óleo e escorra.

Caranguejo Foo Yung com cogumelos

para 4 pessoas

6 ovos mexidos

45 ml / 3 colheres de sopa de fubá (amido de milho)

100 g / 4 onças de carne de caranguejo

100g/4 onças de cogumelos picados

100g/4oz ervilhas congeladas

2 cebolinhas (cebolas), picadas

5 ml / 1 colher de chá de sal

45 ml / 3 colheres de sopa de óleo de amendoim (amendoim)

Bata os ovos e acrescente o fubá. Adicione tudo menos o óleo. Aqueça um pouco de óleo e despeje lentamente a mistura na panela para fazer pequenas panquecas com cerca de 3 cm de largura. Frite até que o fundo esteja levemente dourado, depois vire e frite o outro lado. Continue até que toda a mistura acabe.

Ovo de Foo Yung Ham

para 4 pessoas

60 ml / 4 colheres de sopa de óleo de amendoim

50 g de broto de bambu picado

50 g de castanhas d'água cortadas em cubos

2 cebolinhas (cebolas), picadas

2 talos de aipo picados

50g/2oz presunto defumado, picado

15 ml / 1 colher de sopa de molho de soja

2,5 ml / ½ colher de chá de açúcar

2,5 ml / ½ colher de chá de sal

4 ovos levemente batidos

Aqueça metade do óleo e frite os brotos de bambu, as castanhas, a cebolinha e o aipo por cerca de 2 minutos. Adicione o presunto, o molho de soja, o açúcar e o sal, retire da tigela e deixe esfriar um pouco. Adicione a mistura aos ovos batidos. Aqueça ligeiramente o óleo restante e despeje lentamente a mistura na panela para fazer pequenas panquecas com cerca de 3 polegadas de largura. Frite até que o fundo esteja levemente dourado, depois vire e frite o outro lado. Continue até que toda a mistura acabe.

Ovo de Porco Frito Foo Yung

para 4 pessoas

4 cogumelos chineses secos

60 ml / 3 colheres de sopa de óleo de amendoim
100 g/4 onças de carne de porco assada, picada
100 g de bok choy picado
50 g de broto de bambu cortado em rodelas
50 g/2 onças de castanhas de água, fatiadas
4 ovos levemente batidos
sal e pimenta-do-reino moída na hora

Mergulhe os cogumelos em água morna por 30 minutos e depois escorra. Descarte os talos e corte as pontas. Aqueça 30 ml / 2 colheres de sopa de óleo e frite os cogumelos, carne de porco, repolho, broto de bambu e castanhas de água por 3 minutos. Retire da panela e deixe esfriar um pouco, depois misture os ovos e tempere com sal e pimenta. Aqueça ligeiramente o óleo restante e despeje lentamente a mistura na panela para fazer pequenas panquecas com cerca de 3 polegadas de largura. Frite até que o fundo esteja levemente dourado, depois vire e frite o outro lado. Continue até que toda a mistura acabe.

Ovo de porco e camarão Foo Yung

para 4 pessoas
45 ml / 3 colheres de sopa de óleo de amendoim (amendoim)
100 g/4 onças de carne de porco magra, fatiada
1 cebola picada

225 g de camarão descascado e fatiado
50 g de bok choy picado
4 ovos levemente batidos
sal e pimenta-do-reino moída na hora

Aqueça 30 ml / 2 colheres de sopa de óleo e frite a carne de porco e a cebola até dourar. Acrescente os camarões e frite até dourar no azeite, depois acrescente o repolho, misture bem, tampe e cozinhe por 3 minutos. Retire da forma e deixe esfriar um pouco. Adicione a mistura de carne aos ovos e tempere com sal e pimenta. Aqueça ligeiramente o óleo restante e despeje lentamente a mistura na panela para fazer pequenas panquecas com cerca de 3 polegadas de largura. Frite até que o fundo esteja levemente dourado, depois vire e frite o outro lado. Continue até que toda a mistura acabe.

arroz branco

para 4 pessoas

225 g / 8 onças / 1 xícara de arroz de grão longo
15 ml / 1 colher de sopa de óleo
750 ml / 1¼ pontos / 3 copos de água

Depois de lavar o arroz, coloque-o na panela. Adicione a água ao óleo e coloque-o na panela, cerca de 2,5 cm acima do arroz. Deixe ferver, cubra com uma tampa, reduza o fogo e cozinhe por 20 minutos.

arroz integral cozido

para 4 pessoas

225 g/8 onças/1 xícara de arroz integral de grão longo
5 ml / 1 colher de chá de sal
900 ml / 1½ pontos / 3¾ copos de água

Depois de lavar o arroz, coloque-o na panela. Adicione sal e água para que fique cerca de 3 cm acima do arroz. Deixe ferver, tampe com uma tampa bem fechada, reduza o fogo e cozinhe por 30 minutos, tomando cuidado para não ferver até secar.

arroz com carne

para 4 pessoas

225 g / 8 onças / 1 xícara de arroz de grão longo
100 g / 4 onças de carne moída
1 fatia de raiz de gengibre picada
15 ml / 1 colher de sopa de molho de soja

15 ml / 1 colher de sopa de vinho de arroz ou xerez seco
5 ml / 1 colher de chá de óleo de amendoim
2,5 ml / ½ colher de chá de açúcar
2,5 ml / ½ colher de chá de sal

Coloque o arroz em uma panela grande e deixe ferver. Cubra e cozinhe por cerca de 10 minutos até que a maior parte do líquido tenha sido absorvida. Misture os demais ingredientes, coloque o arroz, tampe e cozinhe em fogo baixo por mais 20 minutos até ficar cozido. Misture os ingredientes antes de servir.

pilaf de fígado de galinha

para 4 pessoas

225 g / 8 onças / 1 xícara de arroz de grão longo
375 ml / 13 fl oz / 1 ½ xícaras de caldo de galinha
sal
2 fígados de frango cozidos em fatias finas

Coloque o arroz e a sopa em uma panela grande e deixe ferver. Tampe e cozinhe por cerca de 10 minutos, até que o arroz esteja quase macio. Retire a tampa e continue cozinhando em fogo baixo até que a maior parte do caldo tenha sido absorvida. Adicione sal a gosto, adicione os fígados de frango e aqueça um pouco antes de servir.

Pilaf de frango e cogumelos

para 4 pessoas
225 g / 8 onças / 1 xícara de arroz de grão longo
100 g / 4 onças de carne de frango picada
100g/4 onças de cogumelos picados
5 ml / 1 colher de chá de fubá (amido de milho)

5 ml / 1 colher de chá de molho de soja
5 ml / 1 colher de chá de vinho de arroz ou xerez seco
uma pitada de sal
15 ml / 1 colher de sopa de cebolinha picada (cebolinha)
15 ml / 1 colher de sopa de molho de ostra

Coloque o arroz em uma panela grande e deixe ferver. Cubra e cozinhe por cerca de 10 minutos até que a maior parte do líquido tenha sido absorvida. Misture todos os ingredientes restantes, exceto a cebolinha e o molho de ostra, adicione o arroz, tampe e cozinhe por mais 20 minutos até ficar totalmente cozido. Antes de servir, misture os ingredientes e polvilhe com cebolinha e molho de ostra.

arroz de coco

para 4 pessoas

225 g/8 onças/1 xícara de arroz com sabor tailandês
1 l / 1 ¾ ponto / 4 ¼ xícaras de leite de coco
150 ml / ¼ pt / generosa ½ xícara de creme de coco
1 maço de coentros picados
uma pitada de sal

Leve todos os ingredientes a ferver num tacho, tape e cozinhe o arroz em lume brando cerca de 25 minutos, mexendo de vez em quando.

Arroz De Caranguejo

para 4 pessoas

225 g / 8 onças / 1 xícara de arroz de grão longo
100 g de carne de caranguejo em cubos
2 fatias de raiz de gengibre picada
15 ml / 1 colher de sopa de molho de soja
15 ml / 1 colher de sopa de vinho de arroz ou xerez seco
5 ml / 1 colher de chá de óleo de amendoim

5 ml / 1 colher de chá de fubá (amido de milho)
sal e pimenta-do-reino moída na hora

Coloque o arroz em uma panela grande e deixe ferver. Cubra e cozinhe por cerca de 10 minutos até que a maior parte do líquido tenha sido absorvida. Misture os demais ingredientes, coloque o arroz, tampe e cozinhe em fogo baixo por mais 20 minutos até ficar cozido. Misture os ingredientes antes de servir.

Arroz De Feijão

para 4 pessoas

225 g / 8 onças / 1 xícara de arroz de grão longo
350 g / 12 onças de feijão
30 ml / 2 colheres de sopa de molho de soja

Coloque o arroz e a sopa em uma panela grande e deixe ferver. Adicione o feijão, tampe e cozinhe por cerca de 20 minutos, até o arroz ficar quase macio. Retire a tampa e continue cozinhando em fogo baixo até que a maior parte do líquido tenha sido absorvido. Cubra e deixe descansar por 5 minutos e sirva com molho de soja.

arroz de pimenta

para 4 pessoas

225 g / 8 onças / 1 xícara de arroz de grão longo

2 cebolinhas (cebolas), picadas

1 pimenta vermelha, picada

45 ml / 3 colheres de sopa de molho de soja

30 ml / 2 colheres de sopa de óleo de amendoim

5 ml / 1 colher de chá de açúcar

Coloque o arroz em uma panela, cubra com água fria, deixe ferver, tampe e cozinhe por cerca de 20 minutos até ficar macio.

Escorra bem e acrescente a cebola, a pimenta, o molho de soja, o óleo e o açúcar. Transfira para uma tigela quente e sirva imediatamente.

Arroz com ovo cozido

para 4 pessoas

225 g / 8 onças / 1 xícara de arroz de grão longo
4 ovos
15 ml / 1 colher de sopa de molho de ostra

Coloque o arroz em uma panela, cubra com água fria, deixe ferver, tampe e cozinhe por cerca de 10 minutos até ficar macio. Coe e leve ao fogo. Enquanto isso, ferva a água em uma panela, quebre delicadamente os ovos e cozinhe por alguns minutos até que as claras estejam firmes e os ovos ainda úmidos. Retire da tigela com uma escumadeira e coloque sobre o arroz. Sirva com um fio de molho de ostra.

Arroz à moda de Cingapura

para 4 pessoas

225 g / 8 onças / 1 xícara de arroz de grão longo

5 ml / 1 colher de chá de sal

1,2 l / 2 pontos / 5 copos de água

Lave o arroz e coloque-o em uma panela com sal e água. Deixe ferver, reduza o fogo e cozinhe por cerca de 15 minutos até o arroz ficar macio. Escorra em uma peneira e enxágue com água quente antes de servir.

arroz lento para barco

para 4 pessoas

225 g / 8 onças / 1 xícara de arroz de grão longo

5 ml / 1 colher de chá de sal

15 ml / 1 colher de sopa de óleo

750 ml / 1¼ pontos / 3 copos de água

Lave o arroz e coloque-o em uma assadeira com sal, óleo e água. Cubra e asse no forno pré-aquecido a 120°C/250°F/gás marca ½ por cerca de 1 hora até que toda a água tenha sido absorvida.

arroz cozido

para 4 pessoas

225 g / 8 onças / 1 xícara de arroz de grão longo
5 ml / 1 colher de chá de sal
450 ml / ¾ pontos / 2 xícaras de água

Coloque o arroz, o sal e a água em um refratário, tampe e leve ao forno pré-aquecido a 180°C/350°F/Gás 4 por cerca de 30 minutos.

arroz frito

para 4 pessoas

225 g / 8 onças / 1 xícara de arroz de grão longo

750 ml / 1¼ pontos / 3 copos de água

30 ml / 2 colheres de sopa de óleo de amendoim

1 ovo mexido

2 dentes de alho, picados

uma pitada de sal

1 cebola finamente picada

3 cebolinhas (cebolas), picadas

2,5 ml / ½ colher de chá de melaço preto

Coloque o arroz e a água em uma panela, deixe ferver, tampe e cozinhe por cerca de 20 minutos até que o arroz esteja cozido. Seca bem. Aqueça 5 ml / 1 colher de chá de óleo e despeje o ovo. Cozinhe até que o fundo esteja firme, depois vire e continue cozinhando até ficar firme. Retire da tigela e corte em tiras. Adicione o restante do óleo na panela, junto com o alho e o sal, e frite o alho até dourar. Junte a cebola e o arroz e refogue por 2 minutos. Adicione a cebolinha e frite por 2 minutos. Mexa o melaço de cominho preto até que o arroz esteja coberto, acrescente as tiras de ovo e sirva.

arroz frito com amêndoa

para 4 pessoas

250 ml / 8 fl oz / 1 xícara de óleo de amendoim (óleo de amendoim).

50 g / 2 onças / ½ xícara de filé de amêndoas

4 ovos mexidos

450 g / 1 lb / 3 xícaras de arroz de grão longo cozido

5 ml / 1 colher de chá de sal

3 fatias de presunto cozido cortado em tiras

2 chalotas, finamente picadas

15 ml / 1 colher de sopa de molho de soja

Aqueça o óleo e frite as amêndoas até dourar. Retire da tigela e escorra em papel de cozinha. Escorra a maior parte do óleo da panela, aqueça novamente e despeje os ovos, mexendo sempre. Adicione o arroz e o sal e cozinhe por 5 minutos, levantando e jogando rapidamente os grãos de arroz para cobrir o ovo.

Adicione o presunto, a cebolinha e o molho de soja e cozinhe por mais 2 minutos. Adicione a maior parte das amêndoas e decore com as restantes amêndoas e sirva.

Arroz frito com bacon e ovo

para 4 pessoas

45 ml / 3 colheres de sopa de óleo de amendoim (amendoim)
225 g de bacon picado
1 cebola finamente picada
3 ovos mexidos
225 g de arroz de grão longo cozido

Aqueça o óleo e frite o bacon e a cebola até dourar levemente. Adicione os ovos e frite até quase cozido. Adicione o arroz e frite até que o arroz esteja totalmente aquecido.

Arroz Frito De Carne

para 4 pessoas

225g/8 onças de carne magra, cortada em tiras
15 ml / 1 colher de fubá (amido de milho)
15 ml / 1 colher de sopa de molho de soja
15 ml / 1 colher de sopa de vinho de arroz ou xerez seco
5 ml / 1 colher de chá de açúcar
75 ml / 5 colheres de sopa de óleo de amendoim (amendoim).
1 cebola picada
450 g / 1 lb / 3 xícaras de arroz de grão longo cozido
45 ml / 3 colheres de sopa de caldo de galinha

Misture a carne com o amido de milho, molho de soja, vinho ou xerez e açúcar. Aqueça metade do azeite e frite a cebola até ficar translúcida. Adicione a carne e frite por 2 minutos. Retire da geladeira. Aqueça o óleo restante, acrescente o arroz e frite por 2 minutos. Adicione o caldo e aqueça. Adicione metade da mistura de carne e cebola e mexa até aquecer bem, depois transfira para um prato quente e cubra com o restante da carne e das cebolas.

Arroz Frito Picado

para 4 pessoas

30 ml / 2 colheres de sopa de óleo de amendoim
1 dente de alho amassado
uma pitada de sal
30 ml / 2 colheres de sopa de molho de soja
30 ml / 2 colheres de sopa de molho de passas
450 g / 1 libra de carne moída
1 cebola picada
1 cenoura cortada em cubos
1 alho-poró cortado em cubos
450 g/kg de arroz de grão longo cozido

Aqueça o óleo e frite o alho e o sal até dourar levemente. Adicione os molhos de soja e passas e misture até combinado. Adicione a carne e frite até ficar crocante e marrom. Adicione os legumes e frite até ficarem macios, mexendo sempre. Adicione o arroz e frite, mexendo sempre, até ficar bem quente e coberto com molhos.

Arroz frito com carne e cebola

para 4 pessoas

1 libra/450 g de carne magra, em fatias finas
45 ml / 3 colheres de sopa de molho de soja
15 ml / 1 colher de sopa de vinho de arroz ou xerez seco
sal e pimenta-do-reino moída na hora
15 ml / 1 colher de fubá (amido de milho)
45 ml / 3 colheres de sopa de óleo de amendoim (amendoim)
1 cebola picada
225 g de arroz de grão longo cozido

Marinar a carne em molho de soja, vinho ou xerez, sal, pimenta e grãos de milho por 15 minutos. Aqueça o óleo e frite a cebola até dourar. Adicione a carne e a marinada e frite por 3 minutos. Adicione o arroz e frite até ficar bem quente.

arroz de frango

para 4 pessoas

225 g / 8 onças / 1 xícara de arroz de grão longo
750 ml / 1¼ pontos / 3 copos de água
30 ml / 2 colheres de sopa de óleo de amendoim
2 dentes de alho, picados
uma pitada de sal
1 cebola finamente picada
3 cebolinhas (cebolas), picadas
100g/4 onças de frango cozido, picado
15 ml / 1 colher de sopa de molho de soja

Coloque o arroz e a água em uma panela, deixe ferver, tampe e cozinhe por cerca de 20 minutos até que o arroz esteja cozido. Seca bem. Aqueça o óleo e frite o alho e o sal até dourar. Adicione a cebola e frite por 1 minuto. Adicione o arroz e frite por 2 minutos. Adicione a cebolinha e o frango e frite por 2 minutos. Adicione o molho de soja para cobrir o arroz.

arroz de pato frito

para 4 pessoas

4 cogumelos chineses secos
45 ml / 3 colheres de sopa de óleo de amendoim (amendoim)
2 cebolinhas (cebolas), fatiadas
225 g de bok choy picado
100 g de pato cozido, picado
45 ml / 3 colheres de sopa de molho de soja
15 ml / 1 colher de sopa de vinho de arroz ou xerez seco
350 g / 12 onças de arroz de grão longo cozido
45 ml / 3 colheres de sopa de caldo de galinha

Mergulhe os cogumelos em água morna por 30 minutos e depois escorra. Descarte os talos e pique os topos. Aqueça metade do óleo e frite as cebolinhas até ficarem translúcidas. Adicione o bok choy e frite por 1 minuto. Adicione o pato, o molho de soja e o vinho ou xerez e frite por 3 minutos. Retire da geladeira. Aqueça o óleo restante e frite o arroz até ficar coberto de óleo. Adicione o caldo, deixe ferver e frite por 2 minutos. Retorne a mistura de pato para a panela e mexa até aquecer bem antes de servir.

arroz com presunto

para 4 pessoas

30 ml / 2 colheres de sopa de óleo de amendoim

1 ovo mexido

1 dente de alho amassado

350 g / 12 onças de arroz de grão longo cozido

1 cebola finamente picada

1 pimentão verde picado

100 g de presunto picado

50 g/2 onças de castanhas de água, fatiadas

50 g de broto de bambu picado

15 ml / 1 colher de sopa de molho de soja

15 ml / 1 colher de sopa de vinho de arroz ou xerez seco

15 ml / 1 colher de sopa de molho de ostra

Aqueça um pouco de óleo em uma panela e adicione o ovo, inclinando a panela para espalhá-lo pela panela. Cozinhe até que o fundo esteja levemente dourado, depois vire e cozinhe o outro lado. Retire da panela e pique o alho e frite até dourar. Acrescente o arroz, a cebola e o pimentão e refogue por 3 minutos. Adicione o presunto, a castanha e o broto de bambu e frite por 5 minutos. Adicione os outros ingredientes e frite por cerca de 4 minutos. Sirva com as tiras de ovo por cima.

Arroz com presunto e caldo

para 4 pessoas

30 ml / 2 colheres de sopa de óleo de amendoim

3 ovos mexidos

350 g / 12 onças de arroz de grão longo cozido

600 ml / 1 ponto / 2½ xícaras de caldo de galinha

100 g de presunto defumado esfarelado

100 g / 4 onças de brotos de bambu, fatiados

Aqueça o óleo e despeje os ovos. Quando começar a fritar, acrescente o arroz e frite por 2 minutos. Adicione a sopa e o presunto e deixe ferver. Cozinhe por 2 minutos, acrescente os brotos de bambu e sirva.

Arroz De Porco Frito

para 4 pessoas

45 ml / 3 colheres de sopa de óleo de amendoim (amendoim)
3 cebolinhas (cebolas), picadas
100 g / 4 onças de porco assado, picado
350 g / 12 onças de arroz de grão longo cozido
30 ml / 2 colheres de sopa de molho de soja
2,5 ml / ½ colher de chá de sal
2 ovos mexidos

Aqueça o óleo e frite as cebolinhas até ficarem transparentes. Adicione a carne de porco e misture até ficar revestida com óleo. Adicione o arroz, o molho de soja e o sal e frite por 3 minutos. Adicione os ovos e misture até começarem a endurecer.

Arroz frito com carne de porco e camarão

para 4 pessoas

45 ml / 3 colheres de sopa de óleo de amendoim (amendoim)

2,5 ml / ½ colher de chá de sal

2 cebolinhas (cebolas), picadas

350 g / 12 onças de arroz de grão longo cozido

100 g / 4 onças de carne de porco assada

225 g de camarão descascado

50 g de folhas chinesas rasgadas

45 ml / 3 colheres de sopa de molho de soja

Aqueça o óleo e frite o sal e a cebolinha até dourar levemente. Adicione o arroz e frite-o para desfazer os grãos. Adicione a carne de porco e frite por 2 minutos. Adicione o camarão, as folhas chinesas e o molho de soja e frite até dourar.

Arroz Frito com Camarão

para 4 pessoas

225 g / 8 onças / 1 xícara de arroz de grão longo
750 ml / 1¼ pontos / 3 copos de água
30 ml / 2 colheres de sopa de óleo de amendoim
2 dentes de alho, picados
uma pitada de sal
1 cebola finamente picada
225 g de camarão descascado
5 ml / 1 colher de chá de molho de soja

Coloque o arroz e a água em uma panela, deixe ferver, tampe e cozinhe por cerca de 20 minutos até que o arroz esteja cozido. Seca bem. Aqueça o azeite com o alho e o sal e frite até dourar levemente o alho. Junte o arroz e a cebola e refogue por 2 minutos. Adicione os camarões e frite por 2 minutos. Adicione o molho de soja antes de servir.

arroz e feijão frito

para 4 pessoas

30 ml / 2 colheres de sopa de óleo de amendoim
2 dentes de alho, picados
5 ml / 1 colher de chá de sal
350 g / 12 onças de arroz de grão longo cozido
225g/8 onças de feijão congelado ou cozido, descongelado
4 cebolinhas (cebolas), bem picadas
30 ml / 2 colheres de sopa de salsa fresca picada

Aqueça o óleo e frite o alho e o sal até dourar levemente. Adicione o arroz e frite por 2 minutos. Adicione o feijão verde, a cebola e a salsa e refogue por alguns minutos até ferver. Sirva morno ou frio.

Salmão Frito Arroz

para 4 pessoas

30 ml / 2 colheres de sopa de óleo de amendoim

2 dentes de alho picados

2 cebolinhas (cebolas), fatiadas

50 g / 2 onças de salmão picado

75 g / 3 onças de espinafre picado

150g/5oz de arroz de grão longo cozido

Aqueça o óleo e frite o alho e a cebolinha por 30 segundos. Adicione o salmão e frite por 1 minuto. Adicione o espinafre e frite por 1 minuto. Adicione o arroz e frite até que esteja totalmente aquecido e bem misturado.

arroz frito especial

para 4 pessoas

60 ml / 4 colheres de sopa de óleo de amendoim

1 cebola finamente picada

100g de bacon picado

50 g de presunto picado

50g de frango cozido, picado

50 g de camarão descascado

60 ml / 4 colheres de sopa de molho de soja

30 ml / 2 colheres de sopa de vinho de arroz ou xerez seco

sal e pimenta-do-reino moída na hora

15 ml / 1 colher de fubá (amido de milho)

225 g de arroz de grão longo cozido

2 ovos mexidos

100g / 4oz cogumelos, fatiados

50 g / 2 onças de ervilhas congeladas

Aqueça o óleo e frite a cebola e o bacon até dourar levemente. Adicione o presunto e o frango e frite por 2 minutos. Adicione o camarão, molho de soja, vinho ou xerez, sal, pimenta e amido de milho e frite por 2 minutos. Adicione o arroz e frite por 2 minutos. Adicione os ovos, os cogumelos e o feijão verde e frite por 2 minutos até ficar bem quente.

Dez preciosos arroz

6 a 8 pessoas

45 ml / 3 colheres de sopa de óleo de amendoim (amendoim)
1 cebolinha (cebola), picada
100g/4oz carne de porco magra, picada
1 peito de frango, picado
100 g de presunto, esfarelado
30 ml / 2 colheres de sopa de molho de soja
30 ml / 2 colheres de sopa de vinho de arroz ou xerez seco
5 ml / 1 colher de chá de sal
350 g / 12 onças de arroz de grão longo cozido
250 ml / 8 fl oz / 1 xícara de caldo de galinha
100 g de broto de bambu cortado em tiras
50 g/2 onças de castanhas de água, fatiadas

Aqueça o óleo e frite a cebola até ficar translúcida. Adicione a carne de porco e frite por 2 minutos. Adicione o frango e o presunto e frite por 2 minutos. Adicione o molho de soja, o xerez e o sal. Adicione o arroz e a sopa e deixe ferver. Adicione os brotos de bambu e as castanhas d'água, tampe e cozinhe por 30 minutos.

arroz de atum pilaf

para 4 pessoas

30 ml / 2 colheres de sopa de óleo de amendoim

2 cebolas fatiadas

1 pimentão verde picado

450 g / 1 lb / 3 xícaras de arroz de grão longo cozido

sal

3 ovos mexidos

300 g / 12 onças de atum enlatado em flocos

30 ml / 2 colheres de sopa de molho de soja

2 chalotas, finamente picadas

Aqueça o óleo e frite a cebola até ficar macia. Adicione a pimenta e frite por 1 minuto. Pressione um lado da panela. Adicione o arroz, polvilhe com sal e refogue os pimentões e as cebolas por 2 minutos, mexendo devagar. Abra o centro do arroz, coloque mais um pouco de óleo e despeje os ovos. Mexa até quase combinado e misture o arroz. Cozinhe por mais 3 minutos. Adicione o atum e o molho de soja e aqueça. Sirva polvilhado com salsa picada.

macarrão de ovo cozido

para 4 pessoas
10 ml / 2 colheres de chá de sal
450 g de macarrão de ovo
30 ml / 2 colheres de sopa de óleo de amendoim

Ferva a água, acerte o sal e acrescente o macarrão. Deixe ferver novamente e cozinhe por cerca de 10 minutos até ficar macio, mas ainda firme. Escorra bem, enxágue com água fria, escorra e enxágue com água quente. Regue com azeite antes de servir.

macarrão de ovo cozido

para 4 pessoas

10 ml / 2 colheres de chá de sal

450 g / 1 libra macarrão de ovo fino

Ferva a água, acerte o sal e acrescente o macarrão. Misture bem e depois coe. Coloque o macarrão em uma peneira, coloque em banho-maria e cozinhe em água fervente por cerca de 20 minutos até ficar macio.

Noodles fritos

para 8 porções

10 ml / 2 colheres de chá de sal
450 g de macarrão de ovo
30 ml / 2 colheres de sopa de óleo de amendoim
assadeira

Ferva a água, acerte o sal e acrescente o macarrão. Deixe ferver novamente e cozinhe por cerca de 10 minutos até ficar macio, mas ainda firme. Escorra bem, enxágue com água fria, escorra e enxágue com água quente. Combine com óleo, em seguida, misture delicadamente com qualquer misturador e aqueça ligeiramente para deixar os sabores se difundirem.

Noodles fritos

para 4 pessoas

225g de macarrão de ovo fino

sal

óleo para fritar

Cozinhe o macarrão em água fervente com sal conforme receita da embalagem. Seca bem. Coloque várias camadas de papel de cozinha em uma assadeira, espalhe o macarrão e deixe secar por algumas horas. Aqueça o óleo e frite o macarrão, uma colher de cada vez, por cerca de 30 segundos até dourar. Escorra em papel toalha.

Macarrão macio frito

para 4 pessoas

350 g de macarrão de ovo
75 ml / 5 colheres de sopa de óleo de amendoim (amendoim).
sal

Ferva uma panela com água, adicione o macarrão e cozinhe até que o macarrão esteja macio. Escorra e enxágue com água fria, depois com água quente e escorra novamente. Adicione 15 ml/1 colher de chá de óleo, deixe esfriar e leve à geladeira. Aqueça o óleo restante até quase sair fumaça. Adicione o macarrão e misture levemente até ficar coberto com óleo. Abaixe o fogo e continue mexendo por alguns minutos até que o macarrão esteja dourado por fora e macio por dentro.

Noodles fritos

para 4 pessoas

450 g de macarrão de ovo
5 ml / 1 colher de chá de sal
30 ml / 2 colheres de sopa de óleo de amendoim
3 cebolinhas (pote), cortadas em tiras
1 dente de alho amassado
2 fatias de raiz de gengibre picada
100 g de carne de porco magra, cortada em tiras
100 g de presunto cortado em tiras
100 g / 4 onças de camarão descascado
450 ml / ¬œpt / 2 xícaras de caldo de galinha
30 ml / 2 colheres de sopa de molho de soja

Ferva a água, acerte o sal e acrescente o macarrão. Deixe ferver novamente e cozinhe por cerca de 5 minutos, depois escorra e enxágue com água fria.

Enquanto isso, aqueça o azeite e frite a cebola, o alho e o gengibre até dourar levemente. Adicione a carne de porco e frite até dourar levemente. Adicione o presunto e o camarão e acrescente o caldo, o molho de soja e o macarrão. Deixe ferver, tampe e cozinhe por 10 minutos.

macarrão frio

para 4 pessoas

450 g de macarrão de ovo

5 ml / 1 colher de chá de sal

15 ml / 1 colher de sopa de óleo de amendoim

225 g de broto de feijão

225 g/8 onças de carne de porco assada, picada

1 pepino cortado em tiras

12 rabanetes cortados em tiras

Ferva a água, acerte o sal e acrescente o macarrão. Deixe ferver novamente e cozinhe por cerca de 10 minutos até ficar macio, mas ainda firme. Escorra bem, passe por água fria e escorra novamente. Regue com azeite e coloque em um prato de servir. Arrume os ingredientes restantes em pratos ao redor do macarrão. Os visitantes recebem vários ingredientes em pequenas tigelas.

cestas de macarrão

para 4 pessoas

225g de macarrão de ovo fino

sal

óleo para fritar

Cozinhe o macarrão em água fervente com sal conforme receita da embalagem. Seca bem. Coloque várias camadas de papel de cozinha em uma assadeira, espalhe o macarrão e deixe secar por algumas horas. Cubra o interior de uma peneira média com um pouco de óleo. Espalhe uma camada uniforme de macarrão, com aproximadamente 1 cm/¬Ω de espessura, em uma peneira. Cubra a parte externa da peneira pequena com óleo e pressione suavemente na peneira maior. Aqueça o óleo, coloque duas peneiras no óleo e frite o macarrão por cerca de 1 minuto até dourar. Remova cuidadosamente os filtros passando uma faca nas bordas do macarrão para soltá-los, se necessário.

panqueca de massa

para 4 pessoas

225 g de macarrão de ovo
5 ml / 1 colher de chá de sal
75 ml / 5 colheres de sopa de óleo de amendoim (amendoim).

Ferva a água, acerte o sal e acrescente o macarrão. Deixe ferver novamente e cozinhe por cerca de 10 minutos até ficar macio, mas ainda firme. Escorra bem, enxágue com água fria, escorra e enxágue com água quente. Misture com 15 ml / 1 colher de sopa de óleo. Aqueça o óleo restante. Adicione o macarrão à panela para fazer uma panqueca mais grossa. Frite até dourar levemente no fundo, depois vire e frite até dourar levemente e macio no meio.

www.ingramcontent.com/pod-product-compliance
Lightning Source LLC
Chambersburg PA
CBHW070422120526
44590CB00014B/1493